In der gleichen Reihe erschienen:

Mein Arbeitszeugnis *selbst* formuliert
ISBN 3-8029-3663-9

Geheim-Code Arbeitszeugnis
ISBN 3-8029-3650-7

Mehr verdienen, aber steuerfrei
ISBN 3-8029-3736-8

Arbeiten in Europa
ISBN 3-8029-3664-7

Befristete Arbeitsverträge
ISBN 3-8029-3701-5

Vorteilhafte Abfindung für Führungskräfte
ISBN 3-8029-3667-1

Personalkosten optimieren
ISBN 3-8029-3666-3

Checkliste Bewerbung
ISBN 3-8029-3967-0

Handbuch Bewerbung
ISBN 3-8029-3452-0

Wir freuen uns über Ihr Interesse an diesem Buch. Gerne stellen wir Ihnen kostenlos zusätzliche Informationen zu diesem Programmsegment zur Verfügung.

Bitte sprechen Sie uns an:

E-Mail: walhalla@walhalla.de
http://www.walhalla.de

Walhalla Fachverlag · Haus an der Eisernen Brücke · 93042 Regensburg
Telefon (0941) 56840 · Telefax (0941) 5684111

Karl-Heinz List

Arbeitszeugnisse für Führungskräfte

- Zeugnisse ergebnisorientiert und individuell formulieren
- Mit zahlreichen Textbausteinen

WALHALLA
FACHVERLAG

Die Deutsche Bibliothek – CIP-Einheitsaufnahme

List, Karl-Heinz:
Arbeitszeugnisse für Führungskräfte : Zeugnisse ergebnisorientiert und individuell formulieren ; mit zahlreichen Textbausteinen / Karl-Heinz List. – Regensburg ; Berlin : Walhalla-Fachverl., 2001
(Qualifikation & Chance)
ISBN 3-8029-3324-9

Zitiervorschlag:
Karl-Heinz List, Arbeitszeugnisse für Führungskräfte
Regensburg, Berlin 2001

Hinweis: Unsere Werke sind stets bemüht, Sie nach bestem Wissen zu informieren. Die vorliegende Ausgabe beruht auf dem Stand von April 2001. Verbindliche Auskünfte holen Sie gegebenenfalls bei Ihrem Rechtsanwalt ein.

Produktion: Walhalla Fachverlag, 93042 Regensburg
Umschlaggestaltung: Gruber & König, Augsburg
Druck und Bindung: Westermann Druck Zwickau GmbH
Printed in Germany
ISBN 3-8029-3324-9

Nutzen Sie das Inhaltsmenü:
Die Schnellübersicht führt Sie zu Ihrem Thema.
Die Kapitelüberschriften führen Sie zur Lösung.

Schnellübersicht

Schnellübersicht

Arbeitszeugnisse zeitgemäß formulieren

Es hat sich viel verändert: der Arbeitsmarkt, die Anforderungen an die Stelleninhaber, aber auch die Erwartungen der Führungskräfte. Das alles müsste sich auf die Schreibpraxis bei Arbeitszeugnissen auswirken; doch von Veränderung ist wenig zu spüren. Hier gilt der Satz, der sonst Führungskräfte wütend macht: „Das haben wir immer so gemacht!" Die Firmen schreiben die Arbeitszeugnisse wie vor 30 Jahren. Sie verwenden die Formulierungen des Zeugniscodes, vergeben Schulnoten für die Leistung und stören sich nicht daran, dass das alles besser klingt, als es gemeint ist.

Doch es gibt auch Zeugnisschreiber, die sich bei all dem nicht wohl fühlen, die das Gefühl haben, dass sie mit den alten Mitteln ihre Zeugnisprobleme nicht mehr befriedigend lösen können. Es geht um die Frage:

Wie formuliere ich in kürzester Zeit und in wohlgesetzten Worten ein rechtssicheres Arbeitszeugnis, das der Leistung des Mitarbeiters gerecht wird?

Dieses Buch gibt die Antwort darauf und schlägt neue Lösungen vor. Wir stellen Ihnen eine neue Methode vor, Arbeitszeugnisse zu schreiben, die wir bereits in der Praxis ausprobiert haben – ADIOS:

- **A**rbeitszeugnisse
- **D**ifferenziert
- **I**ndividuell
- **O**ffen
- **S**chreiben

Was Sie von diesem Buch erwarten können

Zunächst erfahren Sie etwas darüber, wie sich die Rolle der Führungskraft verändert hat (Kapitel 1) und damit die Anforderungen. Selbst wenn Sie künftig die Arbeitszeugnisse in einem neuen

Stil schreiben wollen, müssen Sie Zeugnisse analysieren und deuten, vor allem dann, wenn Sie Personal auswählen. Sie wollen wissen, ob es sich wirklich um ein gutes Zeugnis handelt, das Sie gerade lesen (Kapitel 2).

Über die sprachlichen Mindestanforderungen an ein Zeugnis informiert Sie Kapitel 3. Ein Zeugnis soll auf knappem Raum und in hohem Maße Informationen über die Qualifikation und die Leistung des Mitarbeiters liefern. Das Zeugnis sollte in einer leicht lesbaren Form geschrieben sein. Dazu ist eine Struktur und eine einfache Darstellung notwendig. Das Zeugnis muss übersichtlich gegliedert und in kurzen, klaren Sätzen formuliert sein.

Im Kapitel 4 stellen wir Ihnen das neue Zeugnisverfahren ADIOS vor. Die Zeugnisse werden differenziert, individuell und offen formuliert:

- **Differenziert**
  Für die Beurteilung der Leistung und des Verhaltens gibt es neun Beurteilungskriterien. Neben der fachlichen Qualifikation werden u. a. die sozialen und kommunikativen Fähigkeiten bewertet. Bei der Arbeitsleistung stehen die Ergebnisse im Mittelpunkt: Welchen positiven Beitrag hat der Mitarbeiter geleistet? Bei Führungskräften gehört auch die Führungsleistung dazu.

- **Individuell**
  Nach den rechtlichen Grundsätzen muss ein Zeugnis individuell formuliert sein. Wie unterscheidet sich der Mitarbeiter in seiner Persönlichkeit von anderen? Was sind seine typischen Persönlichkeitsmerkmale? (Optimistisch, gelassen, verlässlich, humorvoll usw.)

- **Offen**
  Die Zeugnisse werden in einer offenen, nicht codierten Sprache geschrieben, strukturiert, in der Gegenwartsform. Die Textbausteine, die durch individuelle Formulierungen ergänzt werden, sind im Verbalstil formuliert, mit kurzen, präzisen Sätzen.

Der Ablauf des Verfahrens wird an einem Beispiel anschaulich gemacht. Das Modell erfüllt die rechtlichen Voraussetzungen, wie sie in Kapitel 6 beschrieben sind. Dort ist auch der Zeugnisanspruch in Österreich und in der Schweiz erläutert.

Wer als Führungskraft aufgefordert wird, selbst einen Zeugnisentwurf zu formulieren, oder wer von sich aus einen solchen Entwurf der Firma vorlegen möchte, findet im Kapitel 5 eine Anleitung zum Selbermachen. Im Kapitel 7 sind die Textbausteine des Zeugnismodells aufgelistet, die das Formulieren eines Zeugnisses in einer offenen und nicht codierten Sprache erleichtern.

Karl-Heinz List

prodomoJob-Beratung
Karl-Heinz List
Bandwirkerstraße 40
22041 Hamburg
Tel.: (0 40) 68 91 68 51
Fax: (0 40) 68 91 68 52

CD-ROM für Zeugnisaussteller:
Zur Formulierung von Zeugnissen gibt es eine CD-ROM (Einzel- und Mehrplatzversion), die Sie direkt über den Verfasser bestellen können: www.Adios-Zeugnisservice.de

Die neue Zeugnissprache

Als in den 60er Jahren ein Gewerkschaftssekretär die „verschlüsselten Formulierungen" veröffentlicht hat, sprach man noch von einem Geheimcode der Personalchefs. Inzwischen gibt es viele Bücher, in denen man die Entschlüsselung nachlesen kann.

Die Schöpfer des Zeugniscodes haben wohl weniger die guten und sehr guten Beurteilungen im Sinn gehabt als eher die weniger guten und schlechten, die den Zeugnisausstellern Probleme machen.

Was war das für eine Zeit, als der Zeugniscode in Mode kam? Wie stand es um den zwischenmenschlichen Umgang zwischen den Führungskräften und ihren Mitarbeitern? Was war das für ein Klima in den Betrieben, als mit verdeckten Beurteilungen auch negative Leistungen positiv formuliert wurden?

Der aus den USA stammende Taylorismus mit einem wohl eher autoritären Führungsstil beherrschte das Arbeitsklima. Von einem offenen und partnerschaftlichen Umgang konnte keine Rede sein. Die Chefs duldeten keinen Widerspruch und verspürten wenig Lust, sich mit ihren Mitarbeitern, ihren Wünschen, Bedürfnissen und Problemen auseinander zu setzen. Sie versteckten sich bei der Beurteilung der Leistung in Arbeitszeugnissen hinter wohlklingenden, unverfänglichen Formulierungen, um Konflikten mit den ausscheidenden Mitarbeitern aus dem Wege zu gehen und sich der Kritik der Mitarbeiter nicht aussetzen zu müssen. Und da war auch noch die gesetzliche Vorgabe: Das Arbeitszeugnis musste wahr und wohlwollend zugleich sein. Die Firmen suchten eine Lösung und fanden sie im Zeugniscode.

Doch das Spannungsverhältnis zwischen Wahrheit und Wohlwollen ließ sich auch durch den Zeugniscode nicht auflösen. Die Probleme um das Arbeitszeugnis lassen sich ohnehin nicht endgültig und vollkommen lösen. Bei der Beurteilung menschlicher Verhaltensweisen und Eigenschaften gibt es keine objektiven Aussagen. Das gilt auch für die Beurteilung der Arbeitsleistung. Was in einem Arbeitszeugnis steht, ist immer die subjektive Meinung des Zeugnisausstellers. Selbst wahre Aussagen sind relativ, weil auch der Zeugnisaussteller Fehlern und Schwächen unterliegt.

Doch den Firmen gefiel der Zeugiscode, trotz allem. Er ersparte ihnen Ärger, weil damals die meisten Zeugnisempfänger die Bedeutung der Formulierungen des Zeugniscodes nicht kannten. Wer wusste schon, was sich hinter dieser harmlosen Formulierung verbirgt: „Er hat mit großem Fleiß und Interesse gearbeitet"? Die Profis in den Personalabteilungen mittlerer und großer Firmen konnten es deuten: Vorsicht! Bewerber mit unterdurchschnittlichen Leistungen!

In Zeiten knapper Arbeitskräfte – bis in die Mitte der 80er Jahre – spielten Arbeitszeugnisse bei der Personalauswahl keine große Rolle. Die Unternehmen mussten ohnehin einstellen, was sich auf dem leer gefegten Arbeitsmarkt anbot. Wirklich gute Leute waren in den meisten Fällen nicht verfügbar und tauchten auf dem Arbeitsmarkt nicht auf. Sie wurden abgeworben oder weitergereicht, wenn sie die Absicht nach Veränderung äußerten. Die Firmen versuchten alles, um tüchtige Mitarbeiter bei der Stange zu halten.

Stellenwechsler hatten keine Mühe, eine neue Stelle zu finden. Und der Zeugniscode war eine Art Frühwarnsystem der Arbeitgeber, sich vor leistungsschwachen und leistungsunwilligen Bewerbern zu schützen. Für die Unternehmen war Personalauswahl in diesen Zeiten eher eine Negativauslese.

Die Arbeitsgerichte haben sich die Sache mit den Arbeitszeugnissen leicht gemacht. Schon in den 70er Jahren haben sie die Zufriedenheitsfloskeln akzeptiert. Das Bundesarbeitsgericht hat die Praxis mit den Zufriedenheitsfloskeln abgesegnet (BAG-Urteil vom 23.09.1992 – 5 AZR 573/91) – aus Gründen der Rechtssicherheit, wie die Richter zur Begründung sagten.

Beurteilung der Leistung

Zusammenfassende Beurteilungen nach dem Zeugniscode („… waren wir mit seinen Leistungen stets zufrieden") reichen nicht aus, um die Arbeitsleistung angemessen zu beschreiben. Die Leistung muss sich an den Arbeitsergebnissen orientieren. Bei Führungskräften muss klar erkennbar sein, wie sie das Unternehmen vorangebracht haben und welchen persönlichen Beitrag sie zum Unternehmenserfolg geleistet haben (wenn nicht, wird darüber geschwiegen).

Einleitung

Die Beurteilung der Leistung ist ein Soll-Ist-Vergleich. Die Anforderungen an den Stelleninhaber werden den tatsächlichen Fähigkeiten und Leistungen gegenübergestellt. Eine Bewertung nach Schulnoten im Minusbereich ist weder rechtlich vertretbar noch unternehmerisch sinnvoll. Ein Unternehmen kann auf Dauer keinen Mitarbeiter mit unzureichenden Leistungen beschäftigen. Auch für einen Mitarbeiter wäre dies eine unbefriedigende Situation.

Sprache

Es sind nicht nur die sprachlich verunglückten Formulierungen des Zeugniscodes, die manche stören („... zur vollsten Zufriedenheit"). Es ist auch das Papierdeutsch und der Nominalstil, der sich in der so genannten Zeugnissprache breit gemacht hat. Bei Zeugnissen für Führungskräfte ist ein gehobener Stil verbreitet:

„Wir verlieren in Herrn Schulze einen ausgezeichneten Fachmann, eine sehr erfolgreiche Führungskraft und einen bewährten Mitarbeiter. Herr Schulze erfreut sich bei Vorgesetzten, Kollegen, Geschäftsfreunden und Mitarbeitern großer Beliebtheit und Wertschätzung. Wir danken Herrn Schulze für seine jahrelange hervorragende Mitarbeit und seinen selbstlosen Einsatz für unser Unternehmen."

Der Zeugnisaussteller ist in diesem Fall kein Non-Profit-Unternehmen. Was ist davon zu halten? Das ist ein aufgeblasener Stil, den man offenbar deshalb für angemessen hält, weil es sich um gehobene Positionen handelt.

Wer aber einen partnerschaftlichen Umgang und eine offene Kommunikation im Betrieb will, muss dies auch in Arbeitzeugnissen zeigen. Die Zeit ist reif für einen neuen Stil!

Abkürzungen

AP	Arbeitsrechtliche Praxis
BAG	Bundesarbeitsgericht
BB	Betriebsberater
BetrVG	Betriebsverfassungsgesetz
BGB	Bürgerliches Gesetzbuch
DB	Der Betrieb
EBE	Eildienst bundesgerichtlicher Entscheidungen
GewO	Gewerbeordnung
HGB	Handelsgesetzbuch
LAG	Landesarbeitsgericht
LAGE	Entscheidungen der Landesarbeitsgerichte
ZPO	Zivilprozessordnung

Führung – gestern und heute

1

Das Menschenbild hat sich verändert

Das Problem Menschenführung ist uralt. In dem chinesischen Weisheitsbuch I GING (Buch der Wandlungen), das wahrscheinlich mehrere tausend Jahre alt ist, heißt es:

„Eine gute Führungskraft erteilt nicht nur Befehle: Sie macht sich mit den Bedürfnissen und Problemen der von ihr Geführten vertraut und gewinnt dadurch deren Achtung und Treue."

Aristoteles war der Auffassung, dass einige Menschen von Natur aus zum Befehlen, andere zum Dienen geschaffen wären. Schon Thomas Hobbes (Leviathan) widersprach heftig. Die Bereitschaft, sich unterzuordnen hat seit dem Bau der Pyramiden, wo es bekanntlich streng hierarchisch zuging, stark abgenommen.

Martin Luther betrachtete den Gehorsam gegenüber der Obrigkeit als unbedingte Pflicht des Christen. Und der Antichrist Friedrich Nietzsche hielt den Gehorsam für ein angeborenes Bedürfnis. Zu Zeiten Luthers galt Arbeit als eine arge Plackerei. Es kam wenig Freude auf. Von Selbstverwirklichung durch Arbeit konnte keine Rede sein. Wer es sich leisten konnte, arbeitete nicht. Die Arbeitgeber hatten ein schwieriges Problem zu lösen: Wie bekommen wir die Leute dazu, für einen Hungerlohn harte Arbeit zu leisten? Martin Luther hatte eine geniale Idee: Er machte die Arbeit zum Beruf und zur Christenpflicht.

Der Herr-im-Hause-Standpunkt

Die Fabrikherren des 19. Jahrhunderts waren Patriarchen. Sie forderten Strenge, wie Eltern sie von ihren Kindern verlangten. Ordnung, Pünktlichkeit, Sauberkeit und Disziplin waren Tugenden, die auch in der Erziehung und beim Militär hochgehalten wurden. Für Führungspositionen und Vertrauensstellungen bevorzugten die Fabrikbesitzer ehemalige Unteroffiziere. „Befehl und Gehorsam" war auch in den Fabriken das Führungsprinzip.

Für das hierarchische Denken stand die katholische Kirche Pate. Bei den Rängen (Bischof, Pfarrer, Kaplan, Diakon) nehmen die Herrschaftsbefugnisse mit der Heiligkeit ab (Hierarchie = Heilige Herrschaft, griechisch). Von diesem Prinzip leiteten auch die Eigentümer in den Fabriken, die Prokuristen und Meister ihre Legitimation ab: „Wem Gott ein Amt gibt, dem gibt er auch den Verstand."

Fabrikherren hatten eine absolute Stellung, wie Fürsten und Könige. In dem Gefüge Herrscher – Untertan konnten sie ihren Willen durchsetzen. Daraus resultierte der Herr-im-Hause-Standpunkt, wie ihn etwa der Industrielle Friedrich Krupp 1872 vertrat. Er forderte von seinen Arbeitern Gehorsam, Dank, Treue, Fleiß und einen sittlichen Lebenswandel. Wer heiraten wollte, brauchte seine Erlaubnis. Aber er sorgte auch für seine Arbeiter: Er baute Werkswohnungen und richtete eine Krankenstube, Kantine und Pensionskasse ein.

Pflichterfüllung

Für die Preußen gab es nichts Schöneres, als ihre Pflicht zu tun. „Wer seine Pflicht tat, sündigte nicht, mochte er tun, was er wollte", schreibt Sebastian Haffner (Preußen ohne Legende). Preußisch sein hieß, die Dinge um ihrer selbst willen tun. Auf die Arbeit, den Beruf bezogen war dies Motivation genug. Man honorierte die Arbeit, die Dienstleistung (Dienen) nicht nur mit Geld, sondern auch mit Ehre. Außer Orden gab es Beförderungen und Statussymbole, die mehr Gewicht hatten als der schnöde Mammon. Ein wenig ist davon geblieben. Bei großen Firmen, Banken und Versicherungen gibt es immer noch Direktoren. Sie speisen mittags nicht in der Kantine, sondern in Kasinos, wie es heute noch die Offiziere tun. Der Rang ist auch heute noch entscheidend, ob man Anspruch auf einen Parkplatz hat oder auf eine eigene Zelle im Großraumbüro. Bei manchen Führungskräften hat der eigene Toilettenschlüssel einen höheren Stellenwert als der Firmenwagen.

Taylorismus

Der amerikanische Ingenieur Frederick W. Taylor hat Anfang des 20. Jahrhunderts das hierarchische Menschenbild zur Grundlage seiner wissenschaftlichen Betriebsführung gemacht. Taylor setzte auf Arbeitsteilung. Wer tagein, tagaus dieselben Handgriffe macht, beherrscht seine Arbeit im Schlaf und schafft mehr, vor allem dann, wenn es finanzielle Anreize gibt. Das Menschenbild, das dem Taylorismus zugrunde liegt, hat sich verändert. Ging Taylor noch davon aus, dass man die meisten Menschen zur Arbeit antreiben müsse und nur durch Geld zu höheren Leistungen motivieren könne, setzen viele Unternehmen heute auf Mitarbeiter, die selbstständig arbeiten, Verantwortung übernehmen und ihre Fähigkeiten entfalten wollen.

Der amerikanische Psychologe Douglas McGregor entwickelte Mitte des 20. Jahrhunderts eine Führungslehre, die er mit alternativen Modellen darstellte: Theorie X und Theorie Y. In seiner Theorie X wird die Auffassung vertreten, dass die Menschen eine natürliche Abneigung gegen Arbeit hätten und erst dann zu höheren Leistungen kämen, wenn sie gelenkt, kontrolliert und mit Strafe bedroht würden. So ähnlich formulierte das auch Taylor. Dieser Auffassung setzt McGregor die Theorie Y entgegen: Arbeit sei genauso natürlich wie Spiel und Ruhe. Der Mensch arbeite, weil er sich entfalten und Verantwortung übernehmen wolle. Die Unternehmen nutzten den hohen Grad von Phantasie und Kreativität ihrer Mitarbeiter nur zu einem verschwindend geringen Teil.

Gruppenarbeit

Die Ideen McGregors sind aktueller denn je. Der Taylorismus war bis zur Einführung von Gruppenarbeit in den 80er Jahren das alles beherrschende Prinzip und bestimmte die Produktionsbedingungen. Nur wenige hatten das Sagen, und die vielen anderen hatten die Anordnungen auszuführen. Man war fest davon überzeugt, dass auch nur wenige das Zeug dazu hatten, Führungsaufgaben zu übernehmen. Ausführende Arbeiten zu verrichten hatte demnach etwas mit der minderen geistigen Verfassung zu tun.

Das Menschenbild des Taylorismus hat sich lange gehalten. Die Japaner sind zuerst darauf gekommen, dass die Ressource Mensch als Produktionsfaktor noch lange nicht ausgeschöpft ist und sich daraus ungeahnte Rationalisierungsreserven ergeben. Toyota führte als erster Autohersteller die Gruppenarbeit ein. Die Firmen profitierten davon, dass auch Arbeiter bereit waren, nicht nur ihre Arbeitskraft der Firma zur Verfügung zu stellen, sondern auch ihren Kopf und ihre Ideen.

Kooperativer Führungsstil

Der kooperative Führungsstil ist heute noch Bestandteil fast jeder Unternehmenskultur. Was heißt kooperativ führen konkret? Worin unterscheidet sich dieser Stil von autoritären oder patriarchalischen Führungskonzepten?

In deutschen Unternehmen hat sich in den 60er Jahren das so genannte Harzburger Modell durchgesetzt: Führen im Mitarbeiterverhältnis, Delegation von Verantwortung waren die Schlagworte. In dieser Konzeption, vom Leiter der Akademie für Führungskräfte in Bad Harzburg, Höhn, entwickelt, taucht der Begriff kooperative Führung auf. Man verstand darunter, dass der Mitarbeiter möglichst selbstständig seine Aufgaben erledigen und dafür auch die Verantwortung tragen sollte. Der Vorgesetzte sollte allerdings diese Arbeit mit einem ausgeklügelten Kontrollsystem überwachen.

Die Organisation ist beim Harzburger Modell stark hierarchisch geprägt, die Stab-Linienorganisation vom Militär abgeschaut. Die bis ins Detail gehenden Stellenbeschreibungen mit klar abgesteckten Kompetenzen kamen offenbar vielen entgegen. Endlich war alles geregelt, wurden klare Verhältnisse geschaffen. Dies könnte auch die Erklärung sein für die Popularität dieses doch recht bürokratischen Führungsmodells. Das Harzburger Modell folgt dem Prinzip Zuckerbrot und Peitsche und enthält eine Menge patriarchalischen Gedankenguts. Ein Kerngedanke allerdings hat sich als richtig herausgestellt und gilt auch heute noch: die Delegation der Entscheidungsbefugnis und der damit verbundenen Verantwortung. Das ist nichts anderes als Empowerment. Vorgesetzte müssen Macht nach unten abgeben, ihre Mitarbeiter selbstständig und eigenverantwortlich arbeiten lassen und sie mit den notwendigen Vollmachten ausstatten.

Kooperativ führen heißt heute, die Mitarbeiter in den Entscheidungsprozess einzubeziehen, ihnen Freiräume zu gewähren und Verantwortung zu übertragen Dazu gehört auch, sie mit den Vollmachten auszustatten, die sie für ihre Arbeit brauchen. Nicht nur deutsche Firmen haben erkannt, dass diese Art von Führung zu mehr Engagement führt. Gelegentlich ist auch die Rede vom partizipativen, partnerschaftlichen oder demokratischen Führungsstil. Im Grunde ist damit das Gleiche gemeint, nur die Akzente werden unterschiedlich gesetzt. Bei den partnerschaftlichen Modellen wird etwa auch Wert auf eine Beteiligung am Kapital oder Gewinn des Unternehmens gelegt.

Rolle der Führungskraft heute

Zum Thema Führung gibt es keine neuen Erkenntnisse, auch wenn Autoren von Managementbüchern diesen Eindruck erwecken, wie etwa Reinhard Sprenger in seinem Buch „Aufstand des Individuums". Er geht davon aus, dass mit dem 21. Jahrhundert das Zeitalter des Individuums begonnen hat. Und das müsste sich auch bei der Führung von Mitarbeitern niederschlagen. Schlüsselbegriffe bei Sprenger sind „Einzigartigkeit" und „Bildung", zwei Mythen.

Einzigartigkeit

Der Mythos, dass der Mensch einzigartig und unverwechselbar sei, hält sich hartnäckig, seit Adler und die humanistischen Psychologen diesen Glaubenssatz übernommen haben. Aber schon der Philosoph Arthur Schopenhauer meinte, dass es mit der Einzigartigkeit des Menschen nicht weit her sei. Er erzählt, dass es in der Mitte des 19. Jahrhunderts in Frankfurt eine Menge Hamlets gegeben habe, die ein trübseliges Leben führten. Der Schriftsteller Vargas Llosa sagte einmal, dass er in seiner Jugend in Peru vielen Emma Bovarys begegnet sei. Und Alain de Botton, dem wir diese Informationen verdanken, meint, dass der Preis für diese Entdeckung die Einsicht sei, dass wir alles andere als einzigartig wären.

Humanistische Bildung

Sprenger zieht noch ein Kaninchen aus dem alten Zylinder: die humanistische Bildung. Er schreibt: „Die wichtigste Fähigkeit der Zukunft wird es sein, aus der Informationsflut das Wesentliche herauszufiltern. Und dazu bedarf es der Bildung ... Bildung meint Poesie, Literatur, Geschichte, Philosophie." Ich kenne Führungskräfte, die das können, was Sprenger fordert. Sie sind als Führungskräfte anerkannt und erfolgreich, haben aber trotzdem die Liebesgedichte von Heinrich Heine nicht gelesen oder vom kategorischen Imperativ Kants noch nie etwas gehört.

Die Anforderungen, die an Führungskräfte gestellt werden, haben sich verändert.

Es kommt heute mehr denn je auf soziale und kommunikative Fähigkeiten an. Man spricht von sozialer Kompetenz. Führungskräfte müssen einen Beitrag zum Ganzen leisten, zum Erfolg des Unternehmens beitragen. Das werden sie nur schaffen, wenn es ihnen gelingt, die Mitarbeiter auf ihre Seite zu bringen und sie für die gemeinsame Sache zu begeistern.

Vom Umgang mit Gefühlen

Die Wissenschaft nimmt heute an, dass die Gefühle im Gehirn sitzen. Ihr Umschlagplatz ist das limbische System; die Zentralstelle heißt Mandelkern. Wird der gefühlvolle Mandelkern zerstört, hört das Gefühlsleben auf. Der Mensch ist dann in der Seele blind: Keine Emotionen, kein Hass, keine Wut, keine Liebe, nichts.

Sind wir unseren Emotionen ausgeliefert? Sind sie angeboren? Sind wir Herren unseres Schicksals oder sind wir von der Umwelt und der Erziehung stark beeinflusst? Bei eineiigen Zwillingen lässt sich am ehesten feststellen, welchen Einfluss die Gene auf das menschliche Verhalten haben. Thomas Bourchard jr. hat in der Minnesota-Studie aus dem Jahre 1981 herausgefunden, dass erbbedingtes Verhalten dominiert.

Die amerikanischen Wissenschaftler Averick und Numley (Die Entdeckung der Gefühle, 1993) sind anderer Meinung: Emotionen kann man kontrollieren und verändern. Daraus ziehen sie die Schlussfolgerung, dass wir aus diesem Grund auch für unsere Emotionen verantwortlich sind. Die beiden Wissenschaftler sprechen von emotionaler Kreativität und meinen damit die Chance, Emotionen zu entwickeln, die unserem Wohlbefinden und den zwischenmenschlichen Beziehungen förderlich sind. Unsere Emotionen sind selbst gemacht, ein Produkt unserer eigenen Ressourcen und unseres Erfindungsreichtums. Wir sind keine Schachfiguren, so die beiden Forscher, die von den Emotionen bewegt werden.

Jahrhundert des Rationalismus

Das 18. Jahrhundert war das Jahrhundert des Rationalismus, der Aufklärung: „Sapere aude! Habe Mut, dich deines eigenen Verstandes zu bedienen!" ist der Wahlspruch der Aufklärung (Kant).

Die Betonung der Vernunft und des Intellekts auf Kosten von Phantasie und Gefühl führte zur Epoche der Romantik.

Heute ist man der Auffassung, dass es sehr wohl auf Gefühl und Verstand ankommt.

Die Sprache ist eines der wichtigsten Mittel, über die wir die Emotionen in unserer Kultur erwerben.

Testen Sie doch einmal, wie Ihre Fähigkeit entwickelt ist, Gefühle verbal auszudrücken.

Gefühle verbal ausdrücken – Übung

Suchen Sie für den genannten Gefühlsausdruck (links) eines oder mehrere andere Wörter, Synonyme. Beispiel: zornig sein = wütend, verletzt, aufgebracht, aggressiv. Einen Lösungsvorschlag finden Sie auf Seite 24/25.

Gefühle benennen – Übung
Enttäuscht sein
Unsicher sein
Zurückgestoßen
Ausgeschlossen sein
Sich trauen

noch: Gefühle benennen – Übung

Niedergeschlagen sein	
Schwach sein	
Traurig sein	
Sich fürchten	
Zaghaft sein	
Hoffnungsvoll sein	
Gereizt sein	
Sich freuen	
Erschrocken sein	
Launisch sein	
Einsam sein	
Glücklich sein	
Unglücklich sein	
Verdrossen sein	
Verärgert sein	
Beherrscht sein	
Verletzt sein	
Aufgebracht sein	
Verzweifelt sein	
Besorgt sein	
Entzückt sein	
Gut gelaunt sein	
Euphorisch sein	
Zerknirscht sein	
Jemandem vertrauen	
Jemanden gering schätzen	
Verblüfft sein	
Sich schämen	
Verlegen sein	

Gefühle benennen – Lösungsvorschläge	
Enttäuscht sein	Frustriert sein
Unsicher sein	Zögernd, hilflos
Zurückgestoßen	Brüskiert, abgelehnt
Ausgeschlossen sein	Ausgegrenzt, nicht dazugehören
Sich trauen	Angst überwinden, mutig sein, furchtlos
Niedergeschlagen sein	Deprimiert, am Boden
Schwach sein	Verletzbar, hilfsbedürftig
Traurig sein	Unglücklich, verletzt, betroffen, zerknirscht
Sich fürchten	Angst haben
Zaghaft sein	Zaudernd, zögerlich
Hoffnungsvoll sein	Zuversichtlich, guter Dinge sein
Gereizt sein	Nervös, aufgebracht
Sich freuen	Fröhlich, glücklich
Erschrocken sein	Überrascht, geschockt
Launisch sein	Hin- und hergerissen, stimmungsabhängig
Einsam sein	Allein, verlassen
Glücklich sein	Sehr zufrieden, entspannt, verliebt sein
Unglücklich sein	Traurig, unzufrieden, am Boden zerstört
Verdrossen sein	Niedergedrückt, unzufrieden
Verärgert sein	Sauer, wütend, zornig
Beherrscht sein	Diszipliniert, sich in der Gewalt haben
Verletzt sein	Gedemütigt, erniedrigt, beleidigt
Aufgebracht sein	Erregt, wütend
Verzweifelt sein	Ratlos, mutlos
Besorgt sein	Bekümmert, sich Gedanken machen
Entzückt sein	Begeistert, hocherfreut

noch: Gefühle benennen – Lösungsvorschläge

Gut gelaunt sein	Fröhlich, zufrieden, in guter Stimmung
Euphorisch sein	Ekstatisch, enthusiastisch, begeistert
Zerknirscht sein	Niedergeschlagen, traurig, enttäuscht
Jemandem vertrauen	Glauben, sorglos sein, sich jemandem anvertrauen
Jemanden gering schätzen	Erniedrigen, von oben herab behandeln
Verblüfft sein	Überrascht, entsetzt, geschockt
Sich schämen	Schuldig fühlen, bedauern, Fehler einräumen
Verlegen sein	Unsicher, ratlos

Wichtige Qualitäten

Konstruktives Denken

Der amerikanische Psychologe Seymour Epstein (Sie sind viel klüger als Sie denken, München 1994) legt Wert auf die Feststellung, dass sein Ansatz des konstruktiven Denkens kein positives Denken im Sinne von Carnegie und Murphy ist. Es handelt sich im Wesentlichen um problemlösendes Denken, was realistisch und flexibel ist. Die wichtigsten Komponenten konstruktiven Denkens sind Emotions- und Verhaltensbewältigung. Sie machen die Fähigkeit aus, mit der Innenwelt der Gefühle und der Außenwelt der Ereignisse fertig zu werden. Lange bevor der Amerikaner Daniel Goleman seinen Weltbestseller Emotionale Intelligenz schrieb, hatte Epstein die Kerngedanken Golemans schon formuliert.

Epstein unterscheidet zwischen rationaler Intelligenz und Erfahrungsintelligenz. Geht es bei der rationalen Intelligenz um Logik und folgerichtiges Handeln, versteht Epstein unter Erfahrungsintelligenz den effektiven Umgang mit den eigenen Gefühlen. Ein zentraler Begriff bei Epstein ist der gesunde Menschenverstand. Hier die Kernpunkte:

- Das Ideal ist das Hin- und Herschalten zwischen Erfahrung und Intellekt.
- Konstruktives Denken ist die Fähigkeit, praktische Probleme im Leben bei minimaler Stressbelastung zu lösen.
- Konstruktive Denker sind in ihrem Liebesleben, in ihren Beziehungen und in ihrem Beruf erfolgreich.
- Konstruktives Denken ist problemlösendes Denken, realistisch und anpassungsfähig.

Dem konstruktiven Denken Epsteins liegen vier Überlegungen zugrunde:

- Lust maximieren, Schmerz minimieren
- In den Erfahrungen einen Sinn erkennen
- Befriedigende Beziehungen zu anderen Menschen haben
- Von sich eine gute Meinung haben

Emotionale Intelligenz

Der amerikanische Psychologe Daniel Goleman (Emotionale Intelligenz, München 1996) behauptet, dass der Intelligenz-Quotient (IQ) höchstens 20%, die emotionale Intelligenz dagegen 80% des Lebenserfolgs ausmache. Erfolg hänge nicht nur von der Begabung ab, sondern auch von der Fähigkeit, eine Niederlage zu ertragen. Menschen mit Selbstvertrauen kommen schnell wieder auf die Beine.

Goleman hält Empathie für eine Führungseigenschaft: Der Vorgesetzte hat die Gefühle der Mitarbeiter zu respektieren und sie in den Prozess intelligenter Entscheidungsfindung einzubauen. Teams gleichen oft einem Hexenkessel, so Goleman, voller versteckter Emotionen. Wer ein Team führen will, muss dafür sorgen, dass alle Beteiligten an einem Strang ziehen, was schon bei zwei Menschen schwierig sein kann.

Ein Manager, der sich nicht empathisch verhält und kein Mitgefühl ausdrücken kann, hat meist auch andere zwischenmenschliche Fähigkeiten nicht entwickelt und wird – so Goleman – über kurz oder lang scheitern.

Was ist emotionale Intelligenz?

Emotionale Intelligenz beinhaltet Folgendes:

- Die eigenen Emotionen kennen, seine eigenen Gefühle laufend beobachten, um sich besser zu verstehen.
- Mit den eigenen Gefühlen so umgehen, dass sie angemessen sind. Wer eine hohe emotionale Intelligenz besitzt, erholt sich schnell von seinen Rückschlägen.
- Emotionen in den Dienst eines Ziels stellen, emotionale Selbstbeherrschung: Belohnungen aufschieben und die Impulsivität unterdrücken ist die Grundlage jeder Art von Erfolg.
- Empathie: Die Fähigkeit, sich auf andere einzustellen. Die Unfähigkeit, die Gefühle anderer wahrzunehmen, ist ein großer Mangel an emotionaler Intelligenz.
- Umgang mit Beziehungen: Die Kunst der Beziehung besteht zum großen Teil darin, mit den Emotionen anderer umzugehen.

Emotionale Kompetenz bei Veränderungen

Der Insead-Professor Huy weist auf die Bedeutung von Emotionen bei Umstrukturierungen hin (Quy Nguyen Huy: Emotionen als Element des Unternehmenswandels, in Financial Times Deutschland, 11.12.2000).

Parameter für Veränderungsprozesse sind nach Huy Aufgeschlossenheit, Mobilisierung und Lernfähigkeit. Viel wichtiger als ausreichende Ressourcen (Geld, Zeit, Personal) ist die Bereitschaft zur Zusammenarbeit, dass alle an einem Strang ziehen und die Ängste vor dem Neuen überwunden werden. An die Stelle frostiger Rationalität müsse eine gewisse emotionale Wärme treten. Huy spricht von der emotionalen Kompetenz eines Unternehmens und meint damit die Emotionen, die einer Umstrukturierung förderlich sind, wie Empathie, Mitgefühl, Hoffnung und die Fähigkeit, ehrlich mit seinen Gefühlen umzugehen.

Umgang mit Fehlern

Der französische Schriftsteller Marcel Proust (Auf der Suche nach der verlorenen Zeit) war davon überzeugt, dass man erst dann wirklich etwas lernt, wenn etwas schief geht. Franz Kafka sprach von seiner wunderschönen Wunde, „mit der ich auf die Welt gekommen bin. Das einzige, was ich habe."

In einem Unternehmen wird man das weniger prosaisch sehen. Fehler bleibt Fehler. Entscheidend ist, wie man damit umgeht. Es gibt Chefs, die erst einmal den moralischen Zeigefinger heben und von Schuld sprechen: Das hätte nicht passieren dürfen! Die Mitarbeiter fühlen sich an ihre Kindheit erinnert. Ihre christlichen Eltern haben ihnen ein schlechtes Gewissen eingeredet, wenn sie einen Fehler machten (Sünde). Daher rührt bei manchen Mitarbeitern die Angst, nur nichts falsch zu machen, was gerade dann sehr viel wahrscheinlicher wird. Die Schuldfrage führt nur zur Selbstverteidigung: Ich hab´s doch nur gut gemeint!

Manche sagen, wir brauchen eine Fehlerkultur, denn nur Fehler sind die Voraussetzung allen Gelingens. Ich denke, wir sollten der Neigung nicht allzu sehr nachgeben, alles grundsätzlich und endgültig lösen zu wollen. Gehen wir praktisch an die Sache heran. Wer einen Fehler macht, muss zunächst seinen Kopf dafür hinhalten, den abzureißen auch ein Chef nicht das Recht hat. Manche haben schon Schwierigkeiten, einen Fehler überhaupt einzugestehen. Das geht nicht. Ein Mitarbeiter muss wissen, dass er verantwortlich ist, wenn etwas schief läuft, und alles tun muss, den Schaden wieder gutzumachen oder zu begrenzen. Bei folgenreichen Fehlern, die Geld kosten oder Kunden verärgern, müssen Chef und Mitarbeiter überlegen, was zu tun ist, um künftig solche Fehler zu vermeiden: Organisation ändern, Kontrolle einbauen, Ausbildung verbessern usw. Ein Chef sollte sich auf keinen Fall auf eine Diskussion darüber einlassen, dass der Fehler auch deshalb passiert sei, weil die Firma im Recht ist und die anderen falsch liegen. Und noch eins: Ein Fehler führt zu einem Konflikt. Bei einem Arbeitsklima, in dem ein Chef guten Kontakt zu seinen Leuten hat und offen kommuniziert, werden solche Dinge auch vernünftig geregelt.

Die effektive Führungskraft

Der amerikanische Managementberater Peter Drucker (Die ideale Führungskraft, 1995) meint, dass die Tätigkeit eines Managers keine besondere Begabung oder spezielle Ausbildung erfordert. Es sind eher einfache Handlungen. Führungskräfte müssten lernen, wirkungsvoll zu arbeiten und die wichtigsten Dinge zuerst zu tun. Bleibt die Frage: Wie findet man ganz schnell einen Manager-Job mit diesen einfachen Anforderungen?

Effizienz und Effektivität

Drucker unterscheidet zwischen Effizienz und Effektivität und ordnet den Begriffen unterschiedliche Bedeutungen zu, was sprachlich nicht ganz nachzuvollziehen ist. Die Begriffe werden in der Alltagssprache synonym für wirksam verwendet.

Eine effektive Leistung ist nach Drucker eine nutzbare Leistung. Effizienz (lat. efficere = hervorbringen, schaffen, zustande bringen, bewirken) ist nach Drucker die Fähigkeit, die Dinge richtig zu tun. Für Handarbeit brauchen wir Effizienz. Der Handwerker, so Drucker, kann nur nach seiner Leistung gemessen werden, nach Qualität und Quantität. Effektivität bezieht sich auf die geistige Arbeit. Sie kann nur dann einen Nutzeffekt haben, wenn sie sich mit den wichtigen Dingen befasst.

Die Aufgabe einer Führungskraft ist es, effektiv zu sein, also die wichtigen Dinge zu tun. Manager planen, organisieren, integrieren, geben Impulse. Wirksame Manager unterscheiden sich in Temperament und Fähigkeiten in dem Maße, wie andere Menschen sich auch unterscheiden. Aber gemeinsam sei ihnen die Fähigkeit, die richtigen Dinge zu tun:

- Effektiv arbeitende Führungskräfte wissen, wo ihre Zeit bleibt. Sie arbeiten systematisch und setzen ihre Zeit so wirtschaftlich wie möglich ein.
- Sie konzentrieren sich auf einen Beitrag nach außen. Sie richten ihre Anstrengungen mehr auf die Ergebnisse als auf die Tätigkeit an sich. Sie stellen sich die Frage: Was für Resultate werden von mir erwartet?

- Sie stützen sich auf die positiven Kräfte, auf ihre eigenen, die ihrer Vorgesetzten und Mitarbeiter, und auf die positiven Seiten der Situation, d. h. auf das, was man daraus machen kann.
- Sie konzentrieren sich auf die wenigen wichtigen Gebiete, auf denen Leistungen ungewöhnliche Ergebnisse bringen können. Sie setzen Prioritäten und halten sich daran. Sie wissen, dass ihnen nur die Wahl bleibt, erstrangige Dinge zu tun und zweitrangige überhaupt nicht.
- Effektive Führungskräfte treffen effektive Entscheidungen. Sie wissen, dass man das System braucht, um die richtigen Schritte in der richtigen Reihenfolge zu machen. Sie wissen, dass eine wirkungsvolle Entscheidung immer ein Urteil auf der Basis gegensätzlicher Meinungen ist und nicht auf einer Übereinstimmung der Tatsachen beruhen kann.

Moral und Verantwortung

Handeln Führungskräfte jenseits von Gut und Böse? Zunächst müssen wir klären, ob die Begriffe Gut und Böse heute noch taugen. Der Philosoph Walter Schulz bezeichnet das Gute als das, was dem Menschen nützt, und das Böse als etwas, was ihm schadet. Die Notwendigkeit von Ethik, so Schulz, ergibt sich aus der Dialektik von Gut und Böse. Gäbe es nur das Gute, wäre Ethik überflüssig. Menschliches Handeln bringt bekanntlich nicht nur Gutes, sondern auch Böses hervor. Das sei auch der Grund, argumentiert Walter Schulz, weil Handeln ohne Ethik nicht human wäre.

Was sollen wir tun? „Zwei Dinge erfüllen das Gemüt mit immer neuer und zunehmender Bewunderung und Ehrfurcht, je öfter und anhaltender sich das Nachdenken damit beschäftigt: Der bestirnte Himmel über mir und das moralische Gesetz in mir", schreibt der Philosoph Immanuel Kant. Das moralische Gesetz, von dem Kant spricht, ist der bekannte kategorische Imperativ, der lautet: Handle nur nach derjenigen Maxime, durch die du zugleich wollen kannst, dass sie ein allgemeines Gesetz werde.

Auf dieses Gesetz sei die praktische Vernunft durch und in sich selbst gekommen, meint Kant; es sei der höchste Gipfel, den die Vernunft überhaupt zu erreichen vermag.

Arthur Schopenhauer, ein Bewunderer Kants, konnte dem kategorischen Imperativ nichts abgewinnen. Er sei nicht „kategorisch" (allgemein), sondern hypothetisch, schreibt Schopenhauer. Er zeichne sich durch „Mangel an realem Gehalt" aus. Er sei eben a priori, also vor der Erfahrung.

Der Mensch sei nicht so geartet, dass er auf den Einfall käme, sich nach einem Gesetz für seinen Willen, dem dieser sich zu unterwerfen und zu siegen hätte, umzusehen und zu erkundigen.

Schopenhauer verspottete die kantische Ethik als theologische Moral. Wer in Erwartung jenseitiger Belohnung Gutes tue, handle eben nicht moralisch, sondern egoistisch. Schopenhauer entwickelte einen Moralbegriff, der mir immer noch aktuell erscheint. So lautet der moralische Grundsatz Schopenhauers: „Verletze niemanden; vielmehr hilf allen, soweit du kannst."

Verantwortung

Max Weber war der Ansicht, dass es keine allgemeine ethische Verbindlichkeit gebe, sondern nur persönlich begründete Entscheidungen. Kein ethischer Standpunkt könne absolutes Recht beanspruchen. Weber spricht von der ethischen Irrationalität der Welt, d. h., die Welt ist so strukturiert, dass sie gar nicht ethisch geändert werden kann. Verantwortungsethik lautet Webers Gegenbegriff gegen die gesamte traditionelle Ethik.

Verantwortungsethik bedeutet für Max Weber nicht primär, für andere Verantwortung zu übernehmen im Sinne der Vorsorge, sondern Verantwortung bezieht sich auf die eigene Person. Der Verantwortungsethiker steht für alle Folgen gerade. Wer sich für die Verantwortungsethik entscheidet, so Weber, ist durch keine Regel geschützt und ist nur auf sich selbst gestellt.

Gewissen

Sokrates berief sich bei Gericht nicht auf das Orakel des Delphischen Gottes, sondern auf eine gottähnliche innere Stimme, auf sein Gewissen. Sokrates erklärte vor Gericht, dass er eher sterben würde, als die öffentliche Philosophie einzustellen, und er trank den Schirlingsbecher.

In unserer Gesellschaft ist das Gewissen als letzte Entscheidungsinstanz anerkannt. Denken wir nur an das Recht, den Kriegsdienst aus Gewissensgründen zu verweigern.

Gewissen, was ist das eigentlich?

Das Urteil der praktischen Vernunft, das angibt, was unter Berücksichtigung aller Umstände und Gesichtspunkte hier und jetzt zu tun moralisch richtig ist (Thomas von Aquin).

Im Gewissen, sagt Kant, sind wir herausgerissen aus dem Reich der Notwendigkeit. Im Gewissen meldet sich das Ding an sich, das wir selbst sind. Hier bekommen wir einen Zipfel unserer transzendenten Existenz zu packen; hier erfahren wir etwas von der absoluten Spontanität der Freiheit. Die Dimension des Seins, die sich uns durch das Gewissen erschließt, nennt Kant intelligibles Sein. Zwischen dem empirischen und dem intelligiblen Sein bestehe eine zerreißende Spannung.

Das Gewissen bezieht sich ausschließlich auf die eigenen Handlungen. Mein Gewissen kann nicht beurteilen, was andere tun sollten.

Es ist müßig, darauf hinzuweisen, dass mein Gewissen irren kann, was mich nicht davon abhält, das zu tun, wovon ich überzeugt bin, was ich für richtig halte.

Führung und Moral

Führen hat auch etwas mit Moral zu tun, wie jedes Handeln. Führungskräfte, Inhaber von Machtpositionen, dürfen nicht über Leichen gehen, auch nicht, wenn es dem Unternehmen nützt. Auch Führen braucht eine normative Ausrichtung, wie alles Tun, um Machtmissbrauch vorzubeugen.

Mitarbeiter erwarten von Führungskräften, dass sie von ihnen fair und gerecht behandelt werden. Fairness und Fairplay sind Begriffe aus dem Sport. Faires Spiel bedeutet, dass man zwar den Sieg anstrebt, aber mit anständigen Mitteln, ohne den Mitspieler zu verletzen und die Regeln zu missachten; kein Sieg um jeden Preis.

Fairplay

Die Idee des Fairplay, der moralische Anspruch, hat längst andere Bereiche des gesellschaftlichen Lebens erreicht, auch die Wirtschaft. Überall dort, wo Wettbewerb herrscht, wo es um konkurrierendes Verhalten geht, müssen Spielregeln eingehalten werden. Auch und gerade trotzdem man heute den Eindruck hat, im Sport, in der Politik und in der Wirtschaft werde das Verhalten durch die Erfolgsmoral bestimmt: Die Regeln werden bewusst verletzt, der Gegner gezielt ausgeschaltet. Ist das der Krieg aller gegen alle, wie ihn schon Thomas Hobbes beschrieben hat?

Wann verhält sich ein Vorgesetzter fair und wann unfair? Einen Mitarbeiter zu demütigen, ihn klein zu machen oder ihn vor allen Kollegen bloßzustellen, ist unfair. Ein Vorgesetzter handelt immer dann unfair, wenn er die Interessen und Bedürfnisse seiner Mitarbeiter ignoriert, wenn er seine Machtposition ausnutzt, wenn er seine Mitarbeiter schikaniert.

Sich fair verhalten heißt im täglichen Umgang miteinander, sich an Versprechen, Zusagen, Verabredungen, Termine und Verträge zu halten. Wenn ein Vorgesetzter seine Zusagen gegenüber einem Mitarbeiter nicht einhält, verliert er seine Glaubwürdigkeit, die positive Beziehung ist mit einem Schlag dahin.

Einen Mitarbeiter fair behandeln heißt, ihn als Person achten, sein Anderssein akzeptieren und Konflikte so lösen, dass entweder ein für beide Seiten akzeptabler Kompromiss herauskommt oder – bei unversöhnlichen Interessenkonflikten – ein fairer Ausgleich gefunden wird.

Was soll ein fairer Interessenausgleich bei einer betriebsbedingten Kündigung wegen schlechter Auftragslage sein? Der Wunsch des Mitarbeiters nach Weiterbeschäftigung ist nicht kompromissfähig. Eine faire Behandlung könnte in der sozialen Abfederung (Abfindung) und in der Hilfe bei der Stellensuche bestehen.

Oder nehmen wir als zweites Beispiel den Wunsch des Mitarbeiters nach Gehaltserhöhung. In einigen Fällen wird es vielleicht einen Kompromiss geben, den auch der Mitarbeiter akzeptiert, in den meisten Fällen aber nicht. Der Wunsch nach mehr Geld kann aus vielen Gründen auch nicht zu einem Interessenausgleich führen. Es gibt Situationen, in denen kein Interessenausgleich möglich ist, wo die Interessengegensätze bestehen bleiben. Das werden Mitarbeiter vor allem dann akzeptieren, wenn sie ansonsten das Gefühl haben, dass Konflikte nicht generell auf ihre Kosten gelöst werden und der Vorgesetzte sich Mühe gibt, bei Entscheidungen die Interessen und Bedürfnisse seiner Mitarbeiter angemessen zu berücksichtigen.

Persönlichkeit als ultimative Lösung

Firmen brauchen Persönlichkeiten. Das wissen wir aus den Stellenanzeigen. Wir wissen auch: Hätten die Firmen nur genügend Persönlichkeiten, wären die eigentlichen Probleme in den Unternehmen gelöst, der Konkurrenzkampf wäre erledigt, man wäre unter sich. Der Adel ist ein leuchtendes Beispiel. Die nobilitierte Gesellschaft ist auch heute noch eine Gesellschaft von Persönlichkeiten. Wenn sich ein Blaublütiger dazu herablässt, in einer Talkshow ein paar Kostproben seiner brillanten Persönlichkeit zu geben, sind die nichtadligen Zuschauer hin- und hergerissen.

Aber das Problem ist mit dem Adel rein zahlenmäßig nicht zu lösen. Im Übrigen ist auch die Frage noch nicht allgemein verbindlich geklärt, was denn überhaupt eine Persönlichkeit ist?

Was meinen die Firmen eigentlich, wenn sie in Stellenanzeigen schreiben: Persönlichkeit gesucht? Sie suchen integre, kommunikative, kultivierte, durchsetzungsstarke Persönlichkeiten.

Was ist eine Persönlichkeit

Jesus Christus, Mahatma Gandhi, Adolf Hitler, Josef Stalin und Martin Luther King waren charismatische Führer und Persönlichkeiten. Manche haben der Menschheit Heil gebracht, andere viel Unheil. Das Charismatische kann demnach kein Auswahlkriterium sein.

Oder meinen die Unternehmen eher den starken Charakter, wenn sie von Persönlichkeit reden? Schopenhauer und Goethe waren der Meinung, dass der Charakter angeboren sei. Ist das wirklich so? Wenn wir unsere Gene auch nicht verändern können (noch nicht), so entwickeln wir uns doch weiter. Das sagen jedenfalls die Psychologen Maslow und Rogers. Wachstum und Selbstverwirklichung sind Schlüsselbegriffe der humanistischen Psychologie. Auch Alfred Adlers Ausgangsposition ist die Selbstbestimmung und nicht die Determination. Wer seine Minderwertigkeitsgefühle durch das Streben nach Überlegenheit und Macht kompensiert, strebt nach Leistung, will von der Minus- zur Plus-Situation. Wer das schafft, muss eine Persönlichkeit sein. Er will Spuren hinterlassen, ein bisschen unsterblich sein und das Gefühl haben, nicht umsonst gelebt zu haben.

Durchschnittlich oder einzigartig?

Persönlichkeiten sind einzigartig. Niemand wird als Durchschnittstyp geboren (James Hillmann). Jeder hat das Potenzial, etwas Besonderes zu sein. Und wer etwas Besonderes ist, darf sich auch wichtig nehmen. Unsere Kinder werden zu Siegern erzogen. Sie könnten sonst nicht überleben. Im globalen Dorf sind alle Manager: Sie sind optimistisch, denken positiv und sind ins Gelingen verliebt. Wer den Mut hat, über glühende Kohlen zu laufen, macht aus jeder Niederlage einen Erfolg. Man muss nur Spaß an seiner Arbeit haben. Es gibt große Vorbilder, auch in der Politik.

Für die jungen Kreativen im Neuen Markt gilt, was schon Friedrich Nietzsche postulierte: Man soll aus seinem Leben ein unverwechselbares Kunstwerk machen. Da sitzen sie in ihrer Garage vor dem Bildschirm und verwirklichen sich selbst. Das Vorbild dieser hart arbeitenden Hedonisten ist Diogenes, der Mann in der Tonne, der Aktionskünstler aus dem alten Griechenland. Er war eben so, wie sie gerne sein möchten: autonom, individualistisch, originell, unkonventionell, gelassen (cool) und authentisch. Er war ein Entertainer und ein Mann der Tat. Nur bedürfnislos leben wie er, das wollen sie nicht.

Höchstes Glück der Erdenkinder sei nur die Persönlichkeit, schreibt Goethe im West-östlichen Diwan. Das sagt Suleika zu ihrem Geliebten. Und Hasem antwortet, dass er das höchste Glück nicht in der Persönlichkeit, sondern bei ihr, seiner Geliebten fände.

Was schließen wir aus alledem? Wer sich selber für eine Persönlichkeit hält, den interessiert das alles nicht.

Arbeitszeugnisse analysieren

2

Mittel der Personalauswahl

Wer Personal sucht und auswählt, weiß ein Lied davon zu singen: Wen soll ich zu einem Vorstellungsgespräch einladen? Selbstverständlich spielen Arbeitszeugnisse dabei eine große Rolle. Wichtig sind die Informationen über die Aufgaben, die Erfahrung, die fachliche und soziale Kompetenz und natürlich die Arbeitsleistung, die Arbeitsergebnisse, den Arbeitserfolg.

Wenn sich 100 Bewerber um eine eine einzige Stelle bewerben, haben selbstverständlich nur diejenigen eine Chance, zu einem Interview eingeladen zu werden, die auch gute Arbeitszeugnisse haben.

Was sind gute Arbeitszeugnisse?

Ist die Länge ein Kriterium? Die meisten Zeugnisleser sind recht froh, wenn das Zeugnis nicht mehr als zwei Seiten lang ist. Wer hat schon die Zeit, drei, vier oder gar fünf Seiten zu lesen? Und wo bitte steht das Wichtige? Was bedeutet es, wenn das Zeugnis drei Seiten Aufgabenbeschreibung enthält, aber nur vier Sätze zur Leistung?

Achtung: Auf ein solches Missverhältnis hat schon das Bundesarbeitsgericht hingewiesen. Bei einem guten Zeugnis muss das Verhältnis zwischen Tätigkeitsbeschreibung und Leistungsbeurteilung ausgewogen sein.

Bei einer Analyse eines Arbeitszeugnisses geht es um folgende Fragen:

- Ist die Aufgabenbeschreibung vollständig? Fehlen z. B. Angaben über die Anzahl der Mitarbeiter?
- Enthält das Zeugnis verdeckte Beurteilungen?
- Werden Selbstverständlichkeiten erwähnt?
- Sind Fehler im Zeugnis (Schreib- oder Grammatikfehler)?
- Ist das Zeugnis vollständig? Fehlen Aussagen zu Leistung, Sozialverhalten oder zur Führungsleistung?

- Fehlt beim Abschlusssatz der Dank oder die Zukunftswünsche?
- Wie wird die Leistung und das Verhalten insgesamt beurteilt? Geschieht dies per Zeugniscode oder mit einer offenen Formulierung?

Zeugniscode

Die meisten Arbeitszeugnisse, das haben empirische Untersuchungen ergeben, enthalten eine Endbeurteilung der Leistung. Viele Arbeitgeber verwenden dazu bestimmte Redewendungen und Floskeln, die man zusammenfassend als Zeugniscode bezeichnet. Es handelt sich um Formulierungen, die sich an den Schulnoten orientieren, aber sehr viel positiver klingen:

Zeugniscode	
Sehr gut	Hat die ihm übertragenen Aufgaben stets zu unserer vollsten Zufriedenheit erledigt
Gut	Stets zu unserer vollen Zufriedenheit
Befriedigend	Zu unserer vollen Zufriedenheit
Ausreichend	Zu unserer Zufriedenheit
Mangelhaft	Hat sich bemüht, den Anforderungen gerecht zu werden

Es haben sich inzwischen auch andere Standardformulierungen eingebürgert, die zumindest professionellen Zeugnisausstellern bekannt sind:

Standardformulierungen	
Sehr gut	Hat unseren Erwartungen in jeder Hinsicht und in besonderer Weise entsprochen oder: Ihre Leistungen haben unsere besondere Anerkennung gefunden

noch: Standardformulierungen

Gut	Mit den Arbeitsergebnissen waren wir stets vollauf zufrieden
Befriedigend	Hat unseren Erwartungen voll entsprochen
Ausreichend	Er hat unseren Erwartungen entsprochen
Mangelhaft	Sie hat im Großen und Ganzen unsere Erwartungen erfüllt

Es gibt Veröffentlichungen, die den Zeugnisausstellern zweifelhafte Empfehlungen geben, wie Clemens Michael Christmann: Wie Sie Negatives wohlwollend formulieren, Bonn 1993. Daraus nun drei Beispiele:

- Wollen Sie zum Ausdruck bringen, dass eine Schlechtleistung vorlag, ist dies durch Herausheben einer Selbstverständlichkeit möglich: Herr/Frau ... war gutes Vorbild durch seine/ihre Pünktlichkeit/Sauberkeit am Arbeitsplatz.
- Bei einem Vorgesetzten mit autoritärem Führungsstil: „Er führte straff demokratisch."
- Die Formulierung „Gern bestätigen wir Frau ..., dass Sie ..." bedeutet laut Christmann, dass diese Formulierung nachträglich aufgenommen wurde, weil der Mitarbeiter darauf bestand.

Das ist Unfug. Man liest diese Formulierung öfter in Arbeitszeugnissen, auch in Zeugnissen, die große Firmen ausgestellt haben. „Gern bestätigen wir ..." ist eher ein Überbleibsel des Bürokratendeutsch, wie es sich nicht nur bei Behörden, sondern auch in Großunternehmen breit gemacht hat.

Nach meiner Erfahrung ist diese Formulierung positiv zu beurteilen.

Verdeckte Beurteilungen

Zu den verdeckten Beurteilungen gehört auch das Weglassen bzw. das beredte Schweigen.

Das ist der Fall, wenn typische, berufsspezifische Dinge fehlen, bei denen ein Zeugnisleser erwartet, dass sie erwähnt werden, z. B. bei einer Kassiererin die Ehrlichkeit, bei einem Einkaufsleiter das Verhandlungsgeschick oder die Selbstständigkeit bei einer Sekretärin. Oder man schweigt über Dinge, die ins Zeugnis gehören, wie etwa die Führungsleistung.

Ob ein Zeugnis wahr und wohlwollend ist, können wir als Zeugnisleser nicht immer wissen. Aber Sie können prüfen, ob die sonstigen Anforderungen erfüllt sind, die an ein Zeugnis gestellt werden müssen, ob das Zeugnis vollständig oder individuell formuliert ist.

Es hat sich in der Praxis eingebürgert, negative Beurteilungen so zu formulieren, dass sie positiv klingen, insbesondere bei nichtausreichenden Leistungen:

- Sie zeigte Verständnis für ihre Arbeit.
- Er erledigte alle Aufgaben mit großem Fleiß und Interesse.
- Er hat sich im Rahmen seiner Fähigkeiten eingesetzt.

Der Sprachwissenschaftler Gunther Presch von der Universität Hamburg spricht von verdeckten Beurteilungen und taktischem Sprachgebrauch. Das gelte auch für das Weglassen. Der Grund sei, so Presch, dass die Unternehmen den Konflikt mit dem Mitarbeiter scheuten.

Es sind Formulierungen üblich, die falsche, positive Eindrücke erwecken und deshalb abzulehnen sind:

- Hat seine Aufgaben ordnungsgemäß erledigt = ein Bürokrat, ohne Initiative
- Er ist tüchtig und weiß sich zu verkaufen = unangenehmer Mitarbeiter, Wichtigtuer
- Wegen seiner Pünktlichkeit war er stets ein Vorbild = in jeder Hinsicht eine Niete
- Er hat zur Verbesserung des Betriebsklimas beigetragen = Alkohol im Dienst
- Er bewies für die Belange der Belegschaft stets Einfühlungsvermögen = ständig auf der Suche nach Sexualkontakten

Selbstverständlichkeiten erwähnen

Presch hat bei seinen Untersuchungen über Arbeitszeugnisse festgestellt, dass die Erwähnung von Selbstverständlichkeiten negativ zu bewerten ist. Zwei Beispiele mögen dies verdeutlichen:

Beispiel:

Mitarbeiter im Außendienst
Besonders hervorzuheben ist die pflegliche Behandlung der firmenseitig gestellten Unterlagen und des Firmenfahrzeugs.

Wie ist dieser Text zu interpretieren? Gemeint ist hier: Er ist ein Pedant und kein guter Verkäufer.

Beispiel:

Krankenschwester
Sie beherrscht die Krankenhaushygiene und hat eine sachliche und vernünftige Einstellung dazu.

Es werden Selbstverständlichkeiten erwähnt, weil es sonst nicht viel Erwähnenswertes gibt. Bei Führungskräften liest man die Formulierung: Er war ehrlich, fleißig und pünktlich, was bei einem Lagerarbeiter ganz sicher eine positive Beurteilung ist.

Schlusssatz

Der Abschlusssatz kann aus drei Teilen bestehen:

- Bedauern des Ausscheidens
- Dank für geleistete Arbeit
- Zukunftswünsche

Fehlt der Schlusssatz komplett, handelt es sich garantiert um ein schlechtes Zeugnis. Formulierungen wie: Wir bedauern das Ausscheiden von Frau Z. finden sich nur in guten und sehr guten Zeugnissen (Presch).

Überinterpretationen

Man sollte sich auch davor hüten, hinter jeder Formulierung eine Gemeinheit zu vermuten. Ich habe in meinen Zeugnisseminaren erlebt, dass die Formulierung „humorvolle Mitarbeiterin" negativ bewertet wurde im Sinne von Betriebsnudel.

Ein anderes Beispiel: In der Internet-Stellenbörse www.top-jobs.de werden unter dem Stichwort Zeugnisse so genannte verschlüsselte Formulierungen aufgelistet und interpretiert. Dort steht auch der Satz: Sie ist eine zuverlässige Mitarbeiterin. Und daneben steht die Deutung: Sie ist zur Stelle, wenn man sie braucht, allerdings ist sie nicht immer brauchbar.

Humor und Zuverlässigkeit sind auch im Berufsleben positive Eigenschaften. Basta!

Bei der Beurteilung des Sozialverhaltens taucht manchmal die Frage auf, ob es denn etwas zu bedeuten habe, wenn der Vorgesetzte nicht an erster Stelle genannt wird, wie in diesem Satz: Das Verhalten gegenüber Kollegen und Vorgesetzten war immer einwandfrei. In der Literatur über Arbeitszeugnisse liest man gelegentlich, es sei negativ zu bewerten, wenn der Vorgesetzte nicht zuerst genannt wird. Nach meiner Erfahrung ist es wohl eher so, dass den meisten Zeugnisschreibern nicht bewusst ist, dass der Vorgsetzte zuerst erwähnt werden soll. Warum sollte er auch? Eine Überinterpretation.

Hier noch ein letztes Beispiel für eine Fehldeutung bei den Zukunftswünschen: Viele schreiben: … und wünschen ihm für die Zukunft alles Gute. Andere schreiben: Wir wünschen ihr für den weiteren Berufs- und Lebensweg alles Gute und viel Erfolg. Manche meinen, die Zukunftswünsche wären nur dann positiv (= gutes Zeugnis) zu bewerten, wenn die Wünsche auf auch auf den privaten Bereich ausgedehnt werden. Vergessen Sie es. Das hat in der Praxis keine Bedeutung.

Analyse von Originalzeugnissen – Übung

Analysieren und beurteilen Sie folgende neun Originalzeugnisse. Meine Bewertungen dieser Zeugnisse können Sie ab Seite 53 ff. lesen.

- Vertriebsleiter Großhandel
- Geschäftsführer
- Leiter Projektmanagement
- Geschäftsstellenleiter Sparkasse
- EDV-Revisor
- Leiter Finanz- und Rechnungswesen
- Kaufmännischer Leiter
- Kaufmännischer Leiter
- Leiter Software-Technologie

Vertriebsleiter Großhandel

Beschäftigungsdauer: 5 Jahre

Zu Leistung und Führung:

Aufgrund der langjährigen Erfahrung von Herrn Baum im internationalen Handel sowie seiner ausgezeichneten Kenntnisse der englischen Sprache konnte er sich in kürzester Zeit in die übertragene Aufgabe sehr erfolgreich einarbeiten und sich ein fundiertes, erprobtes Fach- und Methodenwissen umgehend aneignen.

Herr Baum hat mit einem Höchstmaß an Engagement seine Aufgabe wahrgenommen und überzeugte stets durch ein besonderes Verhandlungsgeschick sowie eine schnelle Auffassungsgabe. Aufgrund seiner fachlichen Kompetenz sowie seiner Professionalität war Herr Baum immer ein gesuchter sowie geschätzter Gesprächspartner.

Wir haben Herrn Baum als einen äußerst belastbaren Mitarbeiter kennen gelernt, der wechselnden Beanspruchungen sowie schwierigen Situationen stets gewachsen war und auch unter Termindruck alle Aufgaben sehr gut bewältigte. Mit seinen Leistungen waren wir in jeder Hinsicht stets sehr zufrieden.

Seine Aufgabe, die ihm unterstellten Mitarbeiter ziel-, leistungs- und terminorientiert zu führen, ist Herr Baum stets gerecht geworden. Sein Verhalten gegenüber Vorgesetzten, Kollegen und Mitarbeitern war jederzeit einwandfrei, gegenüber Kunden höflich und zuvorkommend. Besonders hervorzuheben ist seine hohe Anpassungsfähigkeit in Bezug auf die amerikanische und asiatische Mentalität.

Herr Baum verlässt unser Unternehmen auf eigenen Wunsch zum 30.09. ... Wir bedauern dies sehr und wünschen ihm für die Zukunft alles Gute und ebenso viel Erfolg, wie er in unserem Unternehmen hatte.

Geschäftsführer

Herr ... geboren am ... war in der Zeit vom 01.07. ... bis zum 30.09. ... als Geschäftsführer bei ... angestellt. ... GmbH ist die deutsche Tochtergesellschaft der ... . Herr ... hatte Alleinvertretungsbefugnis.

Zu seinen Aufgaben in dieser Prüfung gehörten:

- Verantwortung für das Vertriebsgeschehen auf dem deutschen Markt
- Erstellung des Jahresbudgets
- Beratung der Gesellschafter bei allen wichtigen geschäftlichen und personellen Angelegenheiten der deutschen Tochtergesellschaft
- Personalleitung

Die verwaltungsmäßigen Aufgaben wurden in Zusammenarbeit mit einem weiteren Geschäftsführer ausgeführt.

Herr ... hat die ihm übertragenen Aufgaben mit Engagement und Bereitschaft zu unser vollsten Zufriedenheit erledigt. Er genoss das volle Vertrauen der Muttergesellschaft.

Wir wünschen ihm für seine berufliche und persönliche Zukunft viel Glück und Erfolg.

Leiter Projektmanagement

... GmbH ist ein marktführendes Unternehmen, welches sich auf standardisierte Hard- und Softwarelösungen im Broadcastbereich spezialisiert hat.

Herr ... war in der Zeit vom 01.05. ... bis 30.06. ... in unserem Haus als Leiter des Bereiches Projektmanagement tätig.

Aufgrund seiner guten Fachkenntnisse sowie seiner Flexibilität benötigte Herr ... nur eine kurze Einarbeitungszeit, um in einem sehr speziellen Softwaremarkt, für den wir tätig sind, die Projektorganisation zu führen.

Über eineinhalb Jahre leitete Herr ... eines der wichtigsten Projekte unseres Unternehmens persönlich mit großem Arbeitseinsatz in Mainz. Zu seinen Aufgaben in diesem Projekt zählten über die Projektleitung hinaus auch die Überwachung, Endkontrolle und die Einweisung der jeweiligen Anwender.

Herr ... arbeitete eng mit der Geschäftsführung wie mit dem Vertrieb zusammen und gestaltete so Veränderungsprozesse des Unternehmens mit. Auch bei schwierigen Terminverhältnissen koordinierte Herr ... unter aktiver Mitwirkung problemlos alle ihm übertragenen Aufgaben. Wir waren mit seiner Arbeit sehr zufrieden.

Durch seine ausgeglichene und hilfsbereite Art war Herr ... bei der Unternehmensleitung und bei den Kollegen gleichermaßen anerkannt.

Herr ... beendet das Arbeitsverhältnis zum 30.06. ... auf eigenen Wunsch, was wir sehr bedauern.

Wir danken Herrn ... für die gute Zusammenarbeit und wünschen ihm für seinen weiteren Berufs- und Lebensweg viel Erfolg.

Geschäftsstellenleiter Sparkasse

Beschäftigungsdauer: 3 Jahre

Herr ... war vom ... bis ... in unserer Sparkasse als Geschäftsstellenleiter tätig. Schwerpunkte dieser Tätigkeit waren die Erfüllung der betrieblichen Zielsetzung auf geschäftspolitischem Gebiet, die Arbeitsorganisation in der Geschäftsstelle und die Anleitung und Kontrolle der ihm unterstellten Mitarbeiter.

Herr ... war bemüht, seine Aufgaben entsprechend unseren Erwartungen zu erfüllen.

Er war jederzeit bereit, Verantwortung zu tragen, und setzte sein fachliches Wissen ein. Er war bemüht, positive Ergebnisse bei der Leitung der GST zu erzielen.

Die Arbeitsbereitschaft von Herrn ... war zufrieden stellend, die Belastbarkeit war gleich bleibend und entsprach seinen Möglichkeiten.

Zu unseren Kunden war Herr ... um ein gutes Verhältnis bemüht.

Herr ... verlässt unsere Sparkasse auf eigenen Wunsch.

Wir wünschen ihm für den weiteren Weg in einem anderen Unternehmen alles Gute.

EDV-Revisor

Herr ... , geboren am ... in Hamburg, trat am 01.06. ... in unsere Dienste und wurde als EDV-Revisor in dem Bereich EDV-Revision der Zentralrevision in unserer Hauptverwaltung eingesetzt.

Die hierfür erforderlichen Voraussetzungen wurden von ihm voll erfüllt:

- Abgeschlossenes Hochschulstudium der Betriebswirtschaftslehre

- Erfahrung in einer Wirtschaftsprüfungsgesellschaft (zwei Jahre)
- Selbstständige Beratung von Fachbereichen, aber auch Geschäftsleitung
- Durchführung klassischer (ex post) und projektbegleitender (ex ante) Revisionen sowie Investitionsbeurteilungen (Hard- und Software)
- Für die Arbeit der EDV-Revision sehr gute Kenntnisse der Datenverarbeitungstechnologien, insbesondere PC und Netze
- Sehr gute Kenntnisse der betriebswirtschaftlichen Datenverarbeitung

Zu seinen Aufgaben gehörte die selbstständige Planung und Durchführung von EDV-Revisionen im Hardware- und Softwarebereich. Herr ... hat sehr gute Kenntnisse über die Lebens- und Sachversicherung und konnte deshalb über den Bereich EDV-Revision hinaus eingesetzt werden. Er hat erfolgreich den Finanzanlagenbereich revisionsmäßig begleitet (Aktien, Schuldverschreibungen, Derivate).

Die Aufgaben wurden entsprechend der Aufgabenstellung stets umfassend, zuverlässig, richtig und vollständig erledigt. Fristen und Termine wurden eingehalten. Herr ... erkennt schwierige und komplexe Arbeitszusammenhänge, geht durchdacht, systematisch und zielstrebig vor. Herr ... behält auch bei hohem Arbeitsanfall den Überblick. Er arbeitet ergebnisorientiert und denkt unternehmerisch.

Herr ... engagiert sich und ist risikobereit. Er handelt selbstständig und verantwortungsbewusst. Er setzt sich durch und trägt mit konstruktiven Ideen zur Lösung von Problemen bei.

Die Aufträge wurden teils in Teams, teils als Einzelaufträge abgewickelt. Seine Qualifizierung zum Prüfungsleiter hat er bei der Führung eines in der Revision üblicherweise kleinen Teams bewiesen.

Aus Seminaren und praktischer Revisionstätigkeit hat Herr ... gute Kenntnisse der Großrechnerwelt (IMS, MVS, TSO, SQL, DB2, SAP/R2) und sehr gute Kenntnisse über PC und Netze (DOS, Windows-Familie, MS-Office-Produkte).

Im Rahmen der Aus- und Weiterbildung unserer Mitarbeiter hat Herr ... jährlich an zwei Seminaren erfolgreich teilgenommen. Dies waren Seminare zur Datenverarbeitung, Prüfungstechnik und Persönlichkeitsentwicklung.

Zum Sozialverhalten ist anzumerken, dass Herr ... auf andere zugeht, zuhören kann und Konflikte fair austrägt. Er übernimmt gerne Verantwortung. Hinsichtlich seiner Persönlichkeit ist anzumerken, dass Herr ... kommunikativ ist, eine optimistische Grundhaltung hat und undogmatisch ist. Er zeichnet sich aber auch durch Selbstbewusstsein, Entschlossenheit und Willensstärke aus. Herr ... kommt gut mit anderen zurecht (Kollegen, Vorgesetzte, geprüfte Bereiche). Die für einen Revisor wichtige Voraussetzung der Vertrauenswürdigkeit besitzt Herr ...

Nützlich für die Revision war, dass Herr ...

- für die Bereiche ein kompetenter, offener und fairer Partner war
- mit seinen Revisionsempfehlungen Akzeptanz fand
- Flexibilität hinsichtlich gestellter Anforderungen zeigte.

Revisionstätigkeit ist geprägt durch „psychische" Belastbarkeit (z.B. sensible Aufträge), Konfliktsituationen und die Notwendigkeit, über alle Hierarchieebenen kommunizieren zu können. Den daraus abgeleiteten Ansprüchen wurde Herr ... voll gerecht.

Herr ... scheidet auf eigenen Wunsch mit dem heutigen Tage aus unserem Unternehmen aus. Wir bedauern das Ausscheiden dieses tüchtigen Mitarbeiters.

Leiter Finanz- und Rechnungswesen

Herr ... war vom 01.03. ... bis zum 30.09. ... Leiter des Finanz- und Rechnungswesens unseres Unternehmens. Er war der Geschäftsführung direkt unterstellt.

Herr ... hatte die schwierige Aufgabe zu lösen, das Finanz- und Rechnungswesen der neu gegründeten Firma Deutsche ... aufzubauen und die dafür erforderlichen personellen und materiellen Voraussetzungen zu schaffen.

Im Rahmen seiner Aufgabenstellung war Herr ... zuständig für

- Erarbeitung der betriebsspezifischen buchhalterischen Grundlagen
- Erstellung von Kostenstellen- und Kostenartenplänen
- Beschreibung und Einführung DFO-typischer Organisationsabläufe in Zusammenarbeit mit Beratungsgesellschaften
- Klärung steuerlicher Sachfragen
- Einordnung ... in das Finanzsystem der Deutschen ...
- Erstellung von Ergebnisrechnungen und betriebswirtschaftlichen Analysen

Herr ... führte die ihm übertragenen Aufgaben in hohem Maße selbstständig, verantwortungsbewusst und umsichtig zu unserer vollen Zufriedenheit aus. Neben seinem umfangreichen Fachwissen ist sein starkes persönliches Engagement hervorzuheben. Darüber hinaus verfügt Herr ... über fundierte DV-Kenntnisse. Sein Verhalten gegenüber Vorgesetzten und Mitarbeitern war stets korrekt.

Wir danken Herrn ... für die geleistete Arbeit und wünschen ihm alles Gute für die Zukunft.

Kaufmännischer Leiter I

Herr ... war in der Zeit vom 01.01. ... bis 30.06. ... als Kaufmännischer Leiter in unserem Unternehmen beschäftigt.

Zu seinen Aufgaben gehörte die Organisation und Überwachung des gesamten kaufmännischen Bereiches einschließlich der Personalabteilung. Darüber hinaus war er verantwortlich für die vorbereitenden Maßnahmen zur Zusammenführung der Buchhaltung unserer verschiedenen Betriebsteile.

Zur Erfüllung dieser Aufgaben waren ihm 16 Mitarbeiter direkt unterstellt.

Herr ... erfüllte diese Aufgaben zur vollen Zufriedenheit. Er war stets verantwortungsbewusst und gewissenhaft. Seine Mitarbeiter führte er kooperativ. Gegenüber Vorgesetzten verhielt er sich korrekt. Aufgrund seines freundlichen Wesens gestaltete sich die Zusammenarbeit sehr angenehm.

Herr ... verließ uns aus betrieblichen Gründen mit Wirkung vom 30.06. ... Für seine berufliche Zukunft wünschen wir ihm alles Gute.

Kaufmännischer Leiter II

Herr ..., geb. am ..., war in der Zeit vom 01.01. ... bis 29.02. ... als kaufmännischer Leiter in unserem Betrieb tätig. Zu seinem Verantwortungsbereich gehörten die Bereiche

- Buchhaltung
- Finanzen
- Personal
- Administration.

Herr ... hat alle ihm übertragenen Arbeiten jederzeit zu unserer vollen Zufriedenheit erledigt. Seine Führung war stets einwandfrei, er hatte immer das Vertrauen der Geschäftsleitung. Nur der guten Ordnung halber erwähnen wir Fleiß, Ehrlichkeit und Pünktlichkeit.

Das Arbeitsverhältnis haben wir zum 29.02. ... einvernehmlich gelöst.

Für die Zukunft wünschen wir Herrn ... alles Gute.

Leiter Softwaretechnologie

Herr ... , geboren am ... , trat am 01.05.1986 als Leiter des Bereiches „Softwaretechnologie" in unser Unternehmen ein. Sein Werdegang in unserem Haus stellt sich wie folgt dar:

Ab 01.1987	Mitglied der Geschäftsleitung und verantwortlich für die technologische Weiterentwicklung der Anwendungssoftware
Ab 04.1988	Übernahme von Gesellschaftsanteilen und Vertreter der Mitarbeitergesellschafter
Ab 06.1989	Entwicklung einer neuen Basistechnologie zur vollständigen Trennung der Anwendungsfunktionen von der Darstellungs- und Datenhaltungsebene (Förderung durch das Land Schleswig-Holstein)
Ab 06.1991	Übernahme der gesamten Softwareentwicklung im Hause ... und Erteilung der Prokura

Herr ... besaß stets das uneingeschränkte Vertrauen der Geschäftsführung und hatte daher Zugang zu allen geschäftspolitischen Daten des Unternehmens. Aufgrund seiner analytischen Fähigkeiten und seines Geschickes, Mitarbeiter anzuleiten und zu motivieren sowie neue Verfahren in die Praxis umzusetzen, wurde Herr ... zum April 1992 im Rahmen eines konzerninternen Quality-Managements zusätzlich zu seinen bisherigen Funktionen mit der Aufgabe des Company Quality Managers betraut. Die Qualität seiner Arbeit erfüllte stets hohe Ansprüche.

Wir verdanken Herrn ... den derzeitigen hohen technischen Stand unserer Software und die Einführung eines Qualitätsbewusstseins in allen Produktbereichen unseres Hauses.

Herr ... verstand es hervorragend, seine Mitarbeiter zu überzeugen, und förderte aktiv die Zusammenarbeit. Er förderte deren Weiterbildung und delegierte Aufgaben und Verantwortung, wodurch er ein hohes Arbeitsergebnis erreichte. Er leitete seinen Verantwortungsbereich stets zu unserer vollen Zufriedenheit.

Bei Kollegen und Mitarbeitern war Herr ... sehr geschätzt. Als Mitglied der Geschäftsleitung war er für die Geschaftsführung ein loyaler und konstruktiver Mitarbeiter auch in solchen Fragen, die nicht unmittelbar seinen Verantwortungsbereichen betrafen.

Herr ... verläßt das Unternehmen zum 30.06. ... auf eigenen Wunsch. Wir bedauern sein Ausscheiden und wünschen ihm für die Zukunft alles Gute.

Zeugnisbewertung

Im Folgenden nun meine Bewertungsvorschläge für die obigen Zeugnisse.

Vertriebsleiter Großhandel

Von dem aufgeblähten, bürokratischen Nominalstil einmal abgesehen: Wollte das Unternehmen dem Mitarbeiter ein sehr gutes Zeugnis ausstellen? Das könnte sein. Immerhin wird der Austritt bedauert. Aber ich möchte trotzdem bezweifeln, dass es sich um ein sehr gutes Zeugnis handelt. Es fehlen sowohl harte als auch weiche Fakten. Hat er den Umsatz gesteigert (wenn ja, wie viel in welchem Zeitraum?), neue Märkte erschlossen, die Kundenzufriedenheit gesteigert? Hat er wirklich erfolgreich gearbeitet? Worin bestand sein Beitrag zum Erfolg des Unternehmens? Die Firma hat sich nicht für die Mitarbeit bedankt. Unvermögen oder Absicht?

Geschäftsführer

Eine halbe Seite für vier Jahre ist ganz offensichtlich zu wenig. Trotz der „vollsten Zufriedenheit“ ist es wohl eher ein schlechtes Zeugnis. Wie hat er zum Erfolg des Unternehmens beigetragen? Was ist mit seiner „Führungsleistung“? Außer dem Dank für die Mitarbeit fehlt eine Information darüber, warum er das Unternehmen verlassen hat.

Leiter Projektmanagement

Wenn Firmen in Arbeitszeugnissen das Ausscheiden bedauern, dann tun sie das in der Regel nur in guten und sehr guten Zeugnissen. In diesem Fall ist es offenbar nicht so. „Wir waren mit seiner Arbeit sehr zufrieden" deutet eher auf eine befriedigende Leistung hin. In diesem Zeugnis wird auch nicht deutlich, ob der Zeugnisempfänger tatsächlich ein guter Projektleiter gewesen ist. Welche Projekte hat er erfolgreich abgeschlossen? Worin bestand der Nutzen für das Unternehmen? Es könnte in diesem Fall so sein, dass diese Unklarheit auf das Unvermögen des Zeugnisausstellers zurückzuführen ist, ein wirklich gutes Zeugnis zu formulieren.

Geschäftsstellenleiter Sparkasse

Zeugnisse, die das Scheitern so deutlich beschreiben, sind äußerst selten. Er war stets bemüht.

Was fehlt? Die Anzahl der Mitarbeiter, die er geführt hat. Außerdem wie er sie geführt und motiviert hat. Dies muss hier als beredtes Schweigen gewertet werden.

Eine andere Frage ist, ob ein Mitarbeiter ein derart schlechtes Zeugnis akzeptieren muss, ob dies nicht gegen den Grundsatz des verständigen Wohlwollens verstößt? Es spricht einiges dafür. Immerhin hat er drei Jahre lang die Geschäftsstelle geführt. Einen totalen Versager hätte das Kreditinstitut wohl früher ablösen müssen.

EDV-Revisor

Bei diesem Zeugnis fällt auf, dass der Aussteller (ein großes Versicherungsunternehmen) weder den Zeugniscode benutzt noch eine Gesamtbeurteilung formuliert hat, was rechtlich auch nicht zwingend ist. Das Zeugnis ist in einer offenen Sprache geschrieben und enthält einen Soll-Ist-Vergleich, d. h., die Anforderungen werden den tatsächlichen Fähigkeiten und Leistungen gegenübergestellt. Aussagen über das Ist:

- Sehr gute Fachkenntnisse
- Denkt unternehmerisch
- Arbeitet selbstständig und verantwortungsbewusst
- Setzt sich durch
- Hat Ideen
- Hat sich weitergebildet
- Kommt gut mit anderen zurecht

Die Firma bedauert das Ausscheiden. Insgesamt ein aussagekräftiges, gutes bis sehr gutes Zeugnis.

Leiter Finanz- und Rechnungswesen

Der Zeugnisempfänger war nur sieben Monate im Unternehmen. Das Zeugnis ist nicht korrekt ausgestellt, weil es keinen Satz über die Beendigung des Arbeitsverhältnisses enthält. Das Schweigen kann man nur so interpretieren, dass der Zeugnisempfänger nicht freiwillig das Unternehmen verlassen hat. Deshalb ist die Aussagekraft des Zeugnisses ziemlich gering. Insgesamt wohl eher ein Zeugnis des Scheiterns.

Kaufmännischer Leiter I

Ein kurzes Zeugnis, zu kurz für 18 Monate. Die Aussage ist eindeutig: Gescheitert, aber ein netter Kerl: Aufgrund seines freundlichen Wesens gestaltete sich die Zusammenarbeit angenehm.

Er hat das Unternehmen aus betrieblichen Gründen verlassen, was hier nichts anderes heißt als: Er wurde gefeuert!

Kaufmännischer Leiter II

„… jederzeit zu unserer vollen Zufriedenheit" bedeutet eigentlich: gute Leistungen, was sich aber aus dem Zusammenhang nicht ergibt. Was hat er in den 14 Monaten zum Erfolg des Unternehmens beigetragen? Er führte seine Mitarbeiter „kooperativ"? Morgens geht die Sonne auf, und abends geht sie unter.

Auch die Schlusssätze haben es in sich: Einvernehmliche Trennung bedeutet immer: Die Firma wollte ihn loswerden. Der Dank für die Mitarbeit fehlt auch. Kann man sich mit einem solchen Zeugnis bewerben?

Leiter Softwaretechnologie

Das Zeugnis enthält Hinweise, dass es sich um ein gutes Zeugnis handeln könnte:

- stets zu unserer vollen Zufriedenheit
- … bedauern sein Ausscheiden

Ein wirklich gutes, aussagekräftiges Zeugnis für einen Prokuristen mit Personalverantwortung, der sieben Jahre in einem Unternehmen erfolgreich gearbeitet hat, müsste anders formuliert sein, ergebnisorientiert. Es fehlen auch Angaben zu seinen geistigen, kreativen und sozialen Fähigkeiten. Zu seinen Managementqualitäten und seiner Methodenkompetenz gibt es auch keine konkreten Aussagen.

Vielleicht sollte es doch ein gutes Zeugnis werden. Dann ist der Mitarbeiter ein Opfer des Unvermögens geworden.

Formulierungs-Training für Zeugnisschreiber

3

Arbeitszeugnis als Information

Ein Arbeitszeugnis ist aus der Sicht eines Lesers, eines Dritten, eine Information über Qualifikation und Leistung. Ein Leser, wie etwa ein Personalchef, will sich schnell informieren über

- Berufsausbildung
- Berufserfahrung
- Weiterbildung
- Fachliche und soziale Kompetenz
- Arbeitsergebnisse, Arbeitserfolge

Sprachliche Anforderungen

Wie sollten Arbeitszeugnisse formuliert sein? Da auch der Zeitfaktor eine große Bedeutung hat, sollten Arbeitszeugnisse in einer leicht lesbaren, übersichtlichen, gut strukturierten und verständlichen Art und Weise formuliert sein. Daraus ergeben sich folgende sprachliche Anforderungen:

- Einfache Darstellung: Kurze, klare Sätze, konkret, anschaulich, keine Bandwurmsätze, abstrakte Formulierungen hemmen den Lesefluss.
- Gliederung: Die Struktur muss erkennbar sein, die Beurteilungskriterien müssen als roter Faden sichtbar werden. Eine übersichtliche Gliederung und eine Aufgabenbeschreibung in Stichworten erleichtern das Lesen.

Zeugnisstruktur

Ein Arbeitszeugnis sollte folgendermaßen strukturiert sein:

- Persönliche Daten: Vorname, Name, Geburtsdatum
- Art und Dauer der Beschäftigung (Eintritt, Befristung, von … bis …)

- Aufgaben/Verantwortung/Vollmachten (in Stichworten)
- Beurteilung von Qualifikation und Leistung:
  Fachliche und soziale Kompetenz, Weiterbildung, Arbeitsleistung: Arbeitsweise, Arbeitstempo, Arbeitsergebnis, Beitrag zum Ganzen, Führungsleistung
- Beurteilung des Sozialverhaltens: Gegenüber Vorgesetzten, Kollegen, Kunden
- Art der Beendigung: Eigener Wunsch, endet am …, betriebliche Gründe
- Abschlusssatz: Bedauern, Dank, Zukunftswünsche
- Ausstellungsdatum/Unterschrift

Redundanz und sprachliches Unvermögen

Viele Zeugnisschreiber meinen, dass bei Arbeitszeugnissen für Führungskräfte eine gewählte Ausdrucksweise angemessen sei. Sie holen weit aus und übertreiben (Redundanz). Sie sprechen von außerordentlichen Begabungen, hervorragenden Vorgesetzten oder überragenden Verkäufern. Oder sie formulieren in einem aufgeblasenen Deutsch:

Beispiel:

Durch sein ziel- und ergebnisorientiertes sowie stets konstruktives Handeln gegenüber seinen Mitarbeitern hat er in kürzester Zeit die Motivierung durch Überzeugung realisiert und wurde intern wie extern als anerkannter Gesprächs- und Verhandlungspartner akzeptiert.

Sie blähen die Wörter auf. Aus der einfachen Frage wird eine Fragestellung und aus dem Ziel die Zielvorstellung. Aus einfachen Verben werden „Streckverben“: Aus „beachten“ wird „Beachtung schenken“, aus „schweigen“ wird „Stillschweigen bewahren“ und aus „erwarten“ wird „in Erwartung treten“.

Der Hauptgrund für diesen aufgeblähten Nominalstil ist sicher sprachliches Unvermögen. Vielen Zeugnisschreibern fehlen einfach die richtigen Worte. Sie können besser mit Zahlen umgehen, ihre Produkte verkaufen, planen und organisieren. Wer in einem Zeugnis formuliert: „Sie verfügte über eine hervorragende Fähigkeit zur Übersicht", schreibt schlechtes Deutsch. Was ist mit folgender Formulierung?

Beispiel:

Gute Umgangsformen verhalfen ihm zur erfolgreichen Kontaktaufnahme.

Das ist sprachlich und inhaltlich missglückt. Gemeint ist: Er hat gute Umgangsformen und findet schnell Kontakt.

Aus dem Dienstzeugnis eines Berufssoldaten (Major), der die Bundeswehr auf eigenen Wunsch verlässt. Das Ausscheiden wird bedauert, was darauf schließen lässt, dass es sich um ein gutes Zeugnis handelt.

Beispiel:

Kommunikative Fähigkeiten wurden besonders im Team deutlich. Er kann zuhören, setzt seine Meinung mit Nachdruck und gegen Widerstände durch, erzeugt dabei immer Gefolgschaft, weil er seine Untergebenen bei Entscheidungen beteiligt, ihnen Verantwortung überträgt und menschliche Wärme ausstrahlt.

Sind das negative Aussagen? Nein, das ist ungeschickt formuliert. Dass kommunikative Fähigkeiten besonders im Team deutlich werden, ist sicher keine Bundeswehr-Spezialität. Aber warum jemand seine Meinung gegen Widerstände durchsetzt und dann auch noch Gefolgschaft erzielt, kann man nicht nachvollziehen. Was ist gemeint? Wahrscheinlich wollte man damit sagen, dass er sich durchsetzen kann. Auch ein Offizier kann seine Meinung nicht durchsetzen. Er muss wohl einen Befehl daraus machen. Aber dieses Wort kommt in diesem Dienstzeugnis überhaupt nicht vor.

Papierstil

Manchen Zeugnissen merkt man den Papierstil deutlich an. Woher kommt dieser Stil? Als Urheimat gilt das Amtsdeutsch. Ludwig Reiners schreibt in seinem Buch Stilkunst dazu:

„Das Neuhochdeutsche war in seiner Jugend eine geschriebene, keine gesprochene Sprache. Aufgewachsen in Kanzleien, genährt von Büchern, erzogen im verschnörkelten Amtsstil eines oft pedantischen, überhöflichen Volkes ist es lange Zeit hindurch dem frischen Wind des Lebens nicht ausgesetzt gewesen. Aus dieser Vergangenheit rührt die Neigung vieler Deutscher, sich umständlich auszudrücken, die entschiedenen Worte zu vermeiden, überlieferte Kanzleiformen heilig zu halten und vor allem den Unterschied zur Umgangssprache in der mechanischen Verlängerung jeder Wendung zu suchen."

Der Papierdeutsche (Reiners) liebt die Leideform. Die Tatform betone die Handlung, die Leideform das Ereignis: Die Bücherei wird um 18.00 Uhr geschlossen! Es muss nicht unbedingt mit Leiden zu tun haben. Er wurde bei dem Unfall verletzt, ist selbstverständlich Leideform, wie auch dieser Satz: Das Haus wurde total zerstört. Die Bürokraten lieben die Leideform auch heute noch: Sie werden hiermit aufgefordert, ...

Bei Arbeitszeugnissen deuten manche Leser Passivsätze negativ, was wohl eher auf sprachlichem Missgeschick beruht:

- Ab Januar 2000 wurden ihm die Aufgaben eines Abteilungsleiters übertragen.
- Herr Küttner wurde als Buchhalter eingestellt.
- Herr Krause wurde mit folgenden Aufgaben betraut:

Heiße Luft

Was halten Sie von folgenden Formulierungen (aus Originalzeugnissen):

- Er verstand es hervorragend, seine Mitarbeiter zu motivieren und die aktive Zusammenarbeit zu fördern.
- Unbedingt erwähnenswert ist, dass der Gütegrad seiner Leistung durchgängig äußerst hoch war.

- Es war ihm stets ein absolutes Bedürfnis, gemeinsam Ziele optimal zu erreichen.
- Es gelang ihm in ausgezeichneter Weise, Motivation zu erzeugen und seine Mitarbeiter zu produktiven Leistungen zu ermuntern, die letztlich dem Unternehmensziel in hervorragender Weise zugute kamen.

Solche Formulierungen sind Platzfüller und steigern nicht die Aussagekraft von Arbeitszeugnissen.

Ratschläge für Zeugnisschreiber

Kurze Sätze

Schreiben Sie keine einfachen und kurzen Sätze. Das lässt auf ein schlichtes Gemüt schließen. Schreiben Sie nicht: Sie arbeitet systematisch und macht das Wichtigste zuerst, sondern: Die ihr übertragenen Aufgaben geht sie systematisch an und erlauben es ihr, die notwendigen Prioritäten zu setzen.

Eine solche Formulierung beweist, dass Sie über einen großen Wortschatz verfügen. Das klingt nach Fülle und Eleganz.

Fleisch und Knochen

Schreiben Sie nie: Er arbeitet schnell und effizient, sondern: Die Arbeitsausführung war durch hohe Quantität und Qualität gekennzeichnet.

Das klingt doch gleich viel besser. Die erste Formulierung ist mager, nichts als Knochen, erst bei der zweiten kommt das Fleisch dazu.

Der gehobenen Position angemessen

Unser Verkaufschef, Herr Kruse, ist offen, kontaktfreudig und immer gut gelaunt. Die Kunden kommen bei ihm immer zuerst. Aber so kann man nicht in einem Arbeitszeugnis schreiben. Der Stil muss der gehobenen Position angemessen sein, etwa so: Herr Kruse verstand es vorzüglich, u. a. durch umfassenden Informationsaustausch sowie innerhalb als auch außerhalb in unserem schwierigen Geschäftsleben zum Wohle des Unternehmens zwischenmenschliche Kontakte anzubahnen und auf Dauer zu festigen.

Passivform

Herr Lehmann ist pfiffig, fleißig und begabt. Die Firma hat ihn deshalb zum Abteilungsleiter befördert. Das bedeutet mehr Verantwortung, eine größere Bürde und natürlich mehr Leid, weshalb man im Arbeitszeugnis auch die Passivform gewählt hat, die der Realität am nächsten kommt: Ab Januar 2000 wurden Herrn Lehmann die Aufgaben eines Abteilungsleiters übertragen.

Die Formulierung: Wir haben Herrn Lehmann zum Abteilungsleiter ernannt, klingt angesichts der schwierigen Aufgabe eher verharmlosend.

Nominalkonstruktionen

Verwenden Sie viele Nominalkonstruktionen, das macht die Sache gewichtiger. Sprechen Sie nicht nur von Aufgaben, sondern immer von Aufgabenstellungen, nicht von Zielen, sondern von Zielsetzungen, nicht von Problemen, sondern von Problemstellungen oder Problemlösungspotenzialen. Begnügen Sie sich nicht mit einfachen Hauptwörtern wie Interessen oder Lösungen. Ersetzen Sie diese einfachen Substantive durch die mächtigen Hauptwörter Interessenspektrum und Lösungsmöglichkeiten.

Adjektive

Adjektive machen das Leben bunt. Wenn wir formulieren: „Nach seiner Überzeugung ...", klingt das schwach. Erst das Adjektiv „feste" macht eine Person glaubwürdig. Eine „Veränderung" klingt harmlos wie Husten. Erst die Beifügung „tief greifend" macht aus dem Husten eine Lungenentzündung, was auch der Wirklichkeit näher kommt.

Natürlich waren die Gespräche mit dem Betriebsrat nicht schlichte Beratungen. Es waren eingehende Beratungen, wie es sich bei seriösen Dingen gehört. Und die Bedenken, die der Betriebsrat vorgetragen hat, waren keine einfachen oder leichte, nein. Es waren „schwer wiegende Bedenken". Andere Bedenken würden auch überhaupt nicht zählen. Das ändert aber nichts an der Einstellung der Firmenleitung, auch weiterhin mit dem Betriebsrat „kooperativ zusammenzuarbeiten".

Redundanz

Machen Sie es sich zur Gewohnheit, kurze und klare Sätze (a priori höchst verdächtig) in ausholende, weitschweifige Satzkonstruktionen zu verwandeln. Zögern Sie nicht, die Beurteilung der Leistung mit einem Wortschwall auszudrücken.

Schreiben Sie nicht: Sie arbeitet selbstständig und eigenverantwortlich.

Formulieren Sie redundant: Frau Schulze stellte kontinuierlich und in für uns beeindruckende Art und Weise ihre Fähigkeit unter Beweis, selbstständig und mit sehr großem, den Rahmen ihrer Aushilfstätigkeit im positiven Sinne weit übersteigendem Verantwortungsbewusstsein zu arbeiten.

Zeugnisformulierungen umformen – Übung

Wenn Sie sich obige Ratschläge nicht zu Herzen genommen haben, dürfte Ihnen diese Übung leicht fallen. Sie haben hier die Chance, Ihr Sprachgefühl zu entwickeln und Ihre Ausdrucksfähigkeit zu verbessern.

Bringen Sie folgende Formulierungen aus Originalzeugnissen in eine klare, präzise Sprache, mit kurzen Sätzen, mit mehr Verben und weniger Substantiven. Formulierungen in der Vergangenheitsform übertragen Sie bitte in die Gegenwartsform.

Meine Lösungsvorschläge finden Sie im Anschluss ab Seite 67.

Originalzeugnisformulierungen
1) Herr Müller ist in der Lage, die Mitarbeiter entsprechend ihren Fähigkeiten einzusetzen und mit ihnen gute Leistungen zu erzielen.
2) Er war ehrgeizig und initiativ und konnte seine Mitarbeiter dazu anspornen, seinem Vorbild zu folgen. Er zeigte die erforderliche Entscheidungskraft und identifizierte sich in vorbildlicher Weise mit der ihm übertragenen Verantwortung.
3) Seine schnelle Auffassungsgabe, seine Fähigkeit, schwierige Sachverhalte zu analysieren und selbstständig abzuwickeln, sowie seine von natürlicher Autorität getragene Durchsetzungs- und Motivationskraft sicherten Herrn Müller den Erfolg bei der Bewältigung seiner Aufgaben.
4) Seine Stärken im organisatorischen Bereich lagen vor allem in einer überlegten Planung und der gewissenhaften Ausführung von Aufgabenstellungen, wobei er flexibel die jeweils geltenden Rahmenbedingungen berücksichtigte.
5) Sein strategisches und konzeptionelles Denken, gepaart mit gewandtem Ausdruck und überzeugendem Verhandlungsgeschick, haben dazu geführt, dass der Umsatz beträchtlich gestiegen ist.
6) Auch bei schwierigen Aufgaben bewies Frau Muster eine außergewöhnliche Belastbarkeit.
7) Bei der Lösung seiner Problemstellungen ging Herr Lorenz sehr gezielt und systematisch vor und setzte erforderliche Maßnahmen eigenständig, mit hoher Effizienz und rascher Wirksamkeit in DV-Programme um.
8) Seine verantwortungsvolle und gewissenhafte Arbeitsweise sowie seine hohe Zuverlässigkeit gewährleisten stets eine einwandfreie Ausführung seiner Arbeiten, die unsere uneingeschränkte und vollste Zufriedenheit fanden.

noch: Originalzeugnisformulierungen

9)	Herr Kowalski erfüllte die gestellten Aufgaben zu unserer vollsten Zufriedenheit und zeigte insbesondere bei der Beratung der Kundschaft sehr viel Geschick und hervorragende Sachkenntnis.
10)	Aufgrund seines hervorragend praktizierten Führungsstils wurden Probleme unter großer Beteiligung des gesamten Mitarbeiterteams schnell und effektiv gelöst.
11)	Er war den ihm übertragenen Führungsaufgaben stets gewachsen und verstand es, die geschäftspolitischen Ziele umzusetzen.
12)	Mit wirtschaftlichem Denken, dem Erkennen abteilungsübergreifender Zusammenhänge und klaren Zielvorstellungen hat er die ihm übertragenen Aufgaben sachgerechten Lösungen zugeführt.
13)	Herr Kirsch hat mit einem Höchstmaß an Engagement seine Aufgabe wahrgenommen und überzeugte stets durch ein besonderes Verhandlungsgeschick sowie eine schnelle Auffassungsgabe. Aufgrund seiner fachlichen Kompetenz sowie seiner Professionalität war Herr Kirsch immer ein gesuchter sowie geschätzter Gesprächspartner.
14)	Frau Schulz beeindruckte durch ihr Engagement und ihre Entscheidungsfreude.
15)	Er bewies im Rahmen seiner Aufgaben die notwendige Überzeugungs- und Durchsetzungsfähigkeit.
16)	Im Umgang mit Patienten und Angehörigen verfügt Herr Kleiber jederzeit über ein der Situation angemessenes Kommunikationsverhalten.
17)	Herr Feuerstein nahm von … bis … erfolgreich an einer Fortbildung für Stützverbände teil.
18)	Die ihr übertragenen Aufgaben ging sie systematisch an und erledigte sie zu unserer besten Zufriedenheit. Ihre gute Übersicht für komplexe Zusammenhänge erlaubten ihr praxisbezogenes Angehen und Umsetzen der an sie gerichteten Herausforderungen.

Hier nun meine Lösungsvorschläge, obige Zeugnisaussagen in eine klare Sprache zu bringen.

Umformulierung – Lösungsvorschläge	
1)	Herr Müller setzt seine Mitarbeiter richtig ein, unterstützt sie bei ihrer Arbeit und erzielt gute Ergebnisse.
2)	Er begeistert seine Mitarbeiter für die gemeinsame Aufgabe.
3)	Er hat eine schnelle Auffassungsgabe, kann analytisch denken und löst auch schwierige Probleme. Er kann andere überzeugen und seine Ideen durchsetzen.
4)	Er versteht es, seine Arbeit zu planen, zu strukturieren und zu organisieren. Er arbeitet effizient und reagiert flexibel auf Veränderungen.
5)	Er kann strategisch und konzeptionell denken, überzeugend argumentieren und geschickt verhandeln. Er hat den Umsatz gegenüber dem Vorjahr um 20% gesteigert.
6)	Frau Muster ist belastbar und löst auch schwierige Aufgaben souverän.
7)	Herr Lorenz löst die Probleme systematisch, effizient und selbstständig und setzt sie zügig in DV-Programme um.
8)	Er arbeitet zuverlässig, gewissenhaft, eigenverantwortlich und erzielt gute Ergebnisse.
9)	Herr Kowalski hat sehr gute Fachkenntnisse und berät unsere Kunden kompetent und geschickt. Seine Verkaufszahlen liegen weit über dem Durchschnitt.
10)	Er löst die Probleme gemeinsam mit seinen Mitarbeitern schnell und effizient.
11)	Er hat unsere Erwartungen erfüllt.
12)	Er denkt wirtschaftlich, arbeitet zielgerichtet und kommt zu praktikablen Lösungen.

noch: Umformulierung – Lösungsvorschläge

13)	Herr Kirsch hat eine schnelle Auffassungsgabe und ist bei Verhandlungen sehr geschickt. Er ist begeistert von seiner Arbeit und erledigt sie kompetent und professionell.
14)	Frau Schulz arbeitet engagiert und ist entscheidungsfreudig.
15)	Er argumentiert überzeugend und kann sich mit seinen Ideen durchsetzen.
16)	Herr Kleiber findet schnell Kontakt zu den Patienten und ihren Angehörigen.
17)	(Hoffentlich hat sich Herr Feuerstein unter den Teilnehmern – alles Stützverbände – wohl gefühlt.) Herr Feuerstein hat sich weitergebildet und u. a. ein Seminar zum Thema „Stützverbände“ erfolgreich besucht.
18)	Sie ist fachlich kompetent, plant ihre Arbeit systematisch und löst mit ihrem Können auch schwierige Aufgaben und Probleme.

ADIOS: Der neue Stil, Arbeitszeugnisse zu schreiben

4

Was ist ADIOS?

ADIOS ist die Abkürzung für

- Arbeitszeugnisse
- Differenziert
- Individuell
- Offen
- Schreiben

Soll-Ist-Vergleich

Das Modell beruht auf einem Soll-Ist-Vergleich. Die Anforderungen an den Stelleninhaber werden den tatsächlichen Arbeitsleistungen gegenübergestellt. Ein Controller muss für seine Aufgabe nicht unbedingt Verkaufstalent besitzen, was bei einem Vertriebsleiter unerlässlich ist. Eine Beurteilung der verkäuferischen Fähigkeiten ist bei einem Controller deshalb nicht notwendig.

Differenziert

Die Beurteilung der Leistung wird nicht auf die Bewertung der Gesamtleistung reduziert, wie das häufig bei Zeugnissen der Fall ist, die mit den Zufriedenheitsfloskeln des Zeugniscodes formuliert worden sind: Sie hat zu unserer vollen Zufriedenheit gearbeitet.

Für die Beurteilung der Leistung und des Sozialverhaltens gibt es folgende Kriterien:

Beurteilungskriterien
Fachliche Qualifikation
■ Fachwissen/Fachkönnen
■ Besondere Kenntnisse – EDV- und PC-Kenntnisse – Fremdsprachen
■ Weiterbildung

noch: Beurteilungskriterien

- Geistige und kreative Fähigkeiten
- Ausdrucksvermögen

Soziale Kompetenz

- Soziale Fähigkeiten
  - Empathie
  - Veränderungsbereitschaft
  - Persönlichkeitsmerkmale
  - Kommunikation
  - Kooperation

Leistung

- Arbeitsleistung
  - Arbeitsweise
  - Arbeitseinsatz
  - Arbeitsergebnisse
  - Nutzen für die Firma
- Führungsleistung
  - Auswahl und Einsatz von Mitarbeitern
  - Delegation
  - Teamarbeit
  - Information
  - Konfliktbewältigung
  - Mitarbeiterförderung
  - Organisation der Arbeit
  - Beitrag zum Unternehmenserfolg

Führung

- Sozialverhalten gegenüber
  - Kunden
  - Vorgesetzten
  - Mitarbeitern
  - Kollegen

Individuell

Es fließen positive Persönlichkeitsmerkmale in das Zeugnis ein. Dabei geht es nicht um die Beschreibung und Bewertung von Charaktereigenschaften. Die Leistung, der Erfolg von Führungskräften ist auf sehr unterschiedliche Eigenschaften zurückzuführen. Anders ausgedrückt: Die Annahme, dass bestimmte Eigenschaften den Erfolg garantieren, ist falsch.

Im Zeugnis geht es um die Frage: Wie unterscheidet sich die Persönlichkeit des Zeugnisempfängers von anderen? Das sind typische Persönlichkeitsmerkmale, wie humorvoll, gelassen, temperamentvoll, optimistisch, souverän usw.

Offen

Der Arbeitgeber ist frei in seiner Entscheidung, ob er bei der Formulierung den Zeugniscode benutzt oder die Beurteilung der Leistung in einer offenen, nichtcodierten Sprache formulieren will. Wenn ein Unternehmen in seinem Leitbild für einen offenen und ehrlichen Umgang miteinander plädiert, dürfte dies auch bei Arbeitszeugnissen nicht anders sein.

In der Schweiz gibt es Firmen, die in ihre Arbeitszeugnisse den Zusatz schreiben: Die Firma x bekennt sich zu transparenten und uncodierten Arbeitszeugnissen.

Das ist eine Praxis, die auch deutschen Firmen zu empfehlen ist. (Quelle: Schweizerische Gesellschaft für Personalmanagement, Löwenstraße 20, CH 8001 Zürich – Internet: www.sgp.ch)

Ein Zeugnis offen zu formulieren sollte damit verbunden sein, kurze, klare Sätze zu schreiben und endlich Abschied zu nehmen vom Nominalstil: Aufgrund ihrer umsichtigen und effizienten Arbeitsweise erbrachte sie stets eine gute Leistung.

Dies kann man einfacher im Verbalstil formulieren: Sie kann andere überzeugen und ihre Vorstellungen durchsetzen.

Aufgabenbeschreibung

Bei der Beschreibung der Aufgaben sind dem Arbeitgeber enge Grenzen gesetzt. Die Tätigkeitsbeschreibung muss so präzise sein, dass sich ein Dritter ein Bild machen kann, wie etwa eine Firma, die einen Bewerber einstellen will. Die Beschreibung der Aufgaben und der Verantwortung muss nicht unbedingt in Prosa erfolgen.

Wichtig: Eine Auflistung in Stichworten ist nicht nur zulässig, sondern wegen der Lesbarkeit auch zweckmäßig.

Probleme bei der Aufgabenbeschreibung treten oft dann auf, wenn der Mitarbeiter eine längere Zeit im Unternehmen gearbeitet und verschiedene Tätigkeiten ausgeübt hat. Steigt ein Einkäufer nach einigen Jahren zum Einkaufsleiter auf und verlässt nach weiteren vier Jahren das Unternehmen, ist es noch einfach. Man wird ohne Schwierigkeiten die Zeit als Einkäufer erwähnen und die Aufgaben des Einkaufsleiters beschreiben und diese Leistung beurteilen. Komplizierter könnte es werden, wenn der Einkäufer in die Funktion eines Personalreferenten wechselt, nach ein paar Jahren zum Personalleiter befördert wird und nach weiteren sechs Jahren das Unternehmen verlässt. Aber auch nur dann, wenn er für die Zeit als Einkäufer und die des Personalreferenten kein Zwischenzeugnis bekommen hat.

Was soll eine Firma in einem solchen Fall tun? Der Mitarbeiter hat einen Anspruch darauf, dass alle Tätigkeiten beschrieben und beurteilt werden. Das Zeugnis bezieht sich auf die Gesamtdauer der Beschäftigung. Sind bereits Zeugnisse ausgestellt worden, wird darauf verwiesen:

Für die Zeit der Ausbildung zum Industriekaufmann vom … bis … wurde bereits ein Zeugnis ausgestellt.

Oder: Für die Tätigkeit als Vorstandsassistent von … bis … haben wir bereits ein Zeugnis erteilt.

Sind keine Zwischenzeugnisse ausgestellt worden, müssen alle Tätigkeiten beschrieben und beurteilt werden. In der Praxis löst man das Problem, indem man alle Tätigkeiten erwähnt, aber die letzte ausführlich beschreibt. Die Beurteilung der Leistung bezieht sich dann auf alle Tätigkeiten.

Fachliche Qualifikation

Neben dem Fachwissen sind Fremdsprachen, PC-Kenntnisse und Weiterbildungslehrgänge zu erwähnen.

Bei den Fremdsprachenkenntnissen ist auch der Grad der Beherrschung anzugeben. Ich empfehle folgende Abstufung:

- Grundkenntnisse
- Gut
- Sehr gut
- Fließend in Wort und Schrift
- Verhandlungssicher

Bei den PC-Kenntnissen ist auch der Hinweis darauf notwendig, was einige schon als Standard ansehen, wie Anwenderkenntnisse in MS-Office (Excel, Windows).

Leistung und Sozialverhalten

Das Fachwissen, die geistigen, kreativen und sozialen Fähigkeiten und die Lern- und Veränderungsbereitschaft gehören beim Arbeitszeugnis zur Leistung. Zur eigentlichen Arbeitsleistung zählt man

- Arbeitsweise (selbstständig, effizient, sorgfältig)
- Arbeitseinsatz (engagiert, begeistert, zielorientiert)
- Arbeitsergebnisse (Ziele erreicht, Nutzen, Erfolg)

Führungsleistung und Managementfähigkeit

Bei Führungskräften gehört zur Arbeitsleistung auch die Führungsleistung. Die Führungsleistung hat etwas zu tun mit den Führungsfähigkeiten (Managementfähigkeiten = planen, organisieren, Ziele setzen, kontrollieren) und dem tatsächlichen Führungsverhalten: Ist die Führungskraft zusammen mit dem Team erfolgreich?

Zu den Managementfähigkeiten gehören neben Eigenschaften wie Überzeugungskraft, Durchsetzungsvermögen und Begeisterungsfähigkeit auch Handwerkszeug oder Methodenkompetenz, wie manche sagen:

- Interviewtechnik (Personalauswahl)
- Planungsmethoden (Szenariotechnik, EKS-Strategie)
- Moderationstechnik (Metaplan, Mind Mapping)
- Führen durch Zielvereinbarung (MbO)
- Projektmanagement

- Gesprächsführung (Transaktionsanalyse, Themenzentrierte Interaktion, Neurolinguistisches Programmieren)
- Zeitmanagement
- Selbstmanagement

Die Führungsleistung wird heute etwas anders definiert als vor 20 Jahren. Führungskräfte müssen Impulse geben, Veränderungen einleiten, die Mitarbeiter bei ihrer Arbeit unterstützen und sie in ihrer Entwicklung fördern. Sie müssen Konflikte fair lösen und die Probleme in Teamarbeit bewältigen. Führungskräfte gehören selbst zum Team, sie sind ein Teil der Gruppe. Sie müssen deshalb fähig sein, zu koordinieren, ausgleichend zu wirken und menschliche Nähe und Vertrauen herzustellen. Dazu gehört Empathie, offen zu sein für Kritik und eigene Fehler einzugestehen.

Wichtig: Als Zusammenfassung oder Gesamtbeurteilung sollte bei Führungskräften die Frage stehen: Worin besteht der Beitrag zum Unternehmenserfolg? Hat die Führungskraft als Verkaufsleiter neue Märkte erschlossen und ehemalige Kunden zurückgewonnen, als Controller eine Kosten- und Leistungsrechnung eingeführt oder als Produktionsleiter neue Fertigungslinien eingerichtet, die zu erheblichen Kosteneinsparungen und Produktivitätssteigerung geführt haben?

Austrittsgründe

Grundsätzlich ist es so, dass aus rechtlichen Gründen keine Angaben über die Entlassungsgründe und die Art und Weise der Beendigung des Arbeitsverhältnisses (z. B. Aufhebungsvertrag, Kündigung) gemacht werden dürfen, weder bei einfachen noch bei qualifizierten Zeugnissen. Es gibt Ausnahmen, z. B. bei schwerem Vertragsbruch des Arbeitnehmers, wie etwa Unterschlagung oder Diebstahl.

Folgende Formulierungen sind zulässig:

- Eigenkündigung: Verlässt das Unternehmen auf eigenen Wunsch.
- Kündigung, verhaltens- oder personenbedingt: Das Arbeitsverhältnis endet am …

- Kündigung, betriebsbedingt: Wegen Personalabbau, Umsatzrückgang, struktureller Anpassung, Rationalisierung

Auch bei diesen Formulierungen kann der Mitarbeiter darauf bestehen, das sie nicht im Zeugnis erscheinen.

Abschlusssatz

Wir bedauern das Ausscheiden dieses tüchtigen Mitarbeiters, danken ihm für die engagierte Mitarbeit und wünschen ihm für die Zukunft alles Gute.

Der Zeugnisleser kann sicher sein, dass eine solche Formulierung nur in guten und sehr guten Zeugnissen steht. Für Personalprofis bedeutet das bei der Bewerberauswahl: Einladen zum Vorstellungsgespräch!

Die meisten Arbeitszeugnisse enthalten das Bedauern nicht, der Schlusssatz beschränkt sich auf den Dank für die Mitarbeit und die Zukunftswünsche.

Achtung: Fehlt das Bedauern, heisst das noch lange nicht, dass der Mitarbeiter schlechte oder nur durchschnittliche Leistungen gezeigt hat. Das wäre ein Trugschluss, auch und gerade bei Führungskräften. Es gibt viele Gründe, sich zu trennen, ohne dass es gleich zu einem Zerwürfnis oder gar zu einer menschlichen Tragödie kommen muss.

Wo Menschen miteinander arbeiten, kommt es unweigerlich zu Spannungen und Konflikten. Das kann an der Arbeit, der Organisation oder auch am Chef liegen, weil etwa die Wellenlänge nicht stimmt. Wird das Ausscheiden im Arbeitszeugnis auch nicht bedauert, kann es sich sehr wohl um einen exzellenten Fachmann oder eine ausgezeichnete Mitarbeiterin handeln.

Einvernehmliche Trennung

Die Formulierung „die Trennung erfolgt im gegenseitigen Einvernehmen" oder „in bestem Einvernehmen" muss ein Mitarbeiter nicht akzeptieren, denn es bedeutet, dass die Initiative vom Arbeitgeber ausgegangen ist.

Wie formuliert man die einvernehmliche Trennung im Arbeitszeugnis? Es gibt drei Möglichkeiten:

- Man erwähnt die Art der Trennung nicht. Das geht nur auf Wunsch des Mitarbeiters.
- Die Firma schreibt: … auf eigenen Wunsch
- Das Arbeitsverhältnis endet am …

Über die Formulierung könnte man sich vorab im Aufhebungsvertrag einigen.

Zeugnisproblem mit ADIOS lösen

Das PC-gestützte Verfahren ADIOS hilft dem Arbeitgeber, sein Zeugnisproblem zu lösen: Wie formuliere ich in kürzester Zeit und in wohlgesetzten Worten ein rechtssicheres Zeugnis, das der Leistung des Mitarbeiters gerecht wird?

Wichtig: Das Modell steht im Einklang mit der gesetzlichen Vorgabe und der Rechtsprechung. Dazu gehört auch, dass die Zeugnisse individuell formuliert sein müssen. Die Arbeitszeugnisse werden rationell mit Hilfe einer CD-ROM erstellt: Mit geringem Zeitaufwand, die Textbausteine sind in der Gegenwartsform, in einer klaren und offenen Sprache formuliert.

Beurteilungsstruktur

Die Beurteilungskategorien wurden auf drei beschränkt:

Beurteilungskategorien		
A Anforderungen weit übertroffen	**B** Anforderungen übertroffen	**C** Anforderungen erfüllt

Eine schwache Leistung ist im Arbeitszeugnis nicht darstellbar, weil dies möglicherweise gegen den Grundsatz des verständigen Wohlwollens und der Rechtsprechung des Bundesarbeitsgerichts verstößt, wonach eine Arbeitsleistung ohne Abmahnung nicht negativ beurteilt werden darf.

Der Vorgesetzte beurteilt nach diesen Beurteilungsmerkmalen die Leistung und das Sozialverhalten. Er kreuzt im Formular „Notizen für ein qualifiziertes Arbeitszeugnis" an, welche Anforderungen für die Stelle erforderlich sind (Soll) und wie der Mitarbeiter diese Kriterien erfüllt hat (Ist). Er kreuzt die zutreffenden Textbausteine an und ergänzt sie mit individuellen Formulierungen. Die Ergebnisse bespricht er mit seinem Mitarbeiter und versucht, einen Konsens oder Kompromiss zu erzielen.

Die endgültige Formulierung des Zeugnisentwurfs übernimmt die Personalabteilung. Sie wird nicht nur die Textbausteine aneinander reihen, sondern den Rohtext bearbeiten und zu einem lesbaren Zeugnis machen.

Manche Zeugnisaussteller wünschen sich ein Zeugnis auf Knopfdruck. Sie wollen ein Verfahren, bei dem das System in wenigen Minuten ein Zeugnis ausdruckt, mit dem alle Beteiligten höchst zufrieden sind: der Mitarbeiter, der beurteilende Vorgesetzte und die Personalabteilung als formulierende Stelle.

Diese Erwartungen kann kein Zeugnisverfahren erfüllen, auch nicht ADIOS.

Achtung: Wer als Zeugnisaussteller ein individuelles Zeugnis ausstellen will, muss die Eigenarten und spezifischen Persönlichkeitsmerkmale beachten. Wer ein ergebnisorientiertes Zeugnis schreiben will, muss sich die Mühe machen, die persönlichen Leistungen, die Arbeitsergebnisse und den Beitrag zum Unternehmenserfolg individuell zu formulieren. Das können Textbausteine nicht leisten. Auch unser System nicht. Wir liefern neben den Textbausteinen zu den Leistungskriterien die Stichworte für Sätze, die der Leistung des Mitarbeiters gerecht werden. Die Sätze dazu müssen Sie selbst formulieren. Nur dann erhalten Sie ein Zeugnis, mit dem nicht nur der Mitarbeiter zufrieden ist, sondern auch Sie selbst, weil Sie die richtigen Worte gefunden haben und der Mitarbeiter ein Zeugnis erhält, in dem er sich wieder findet und gerecht beurteilt fühlt.

Zeugniserstellung

Nachfolgend sehen Sie den skizzierten Arbeitsablauf der Zeugniserstellung.

Arbeitsablauf Zeugniserstellung

Mitarbeiter verlangt qualifiziertes Zeugnis.

↓

Personalabteilung bereitet das Formular „Notizen für ein qualifiziertes Arbeitszeugnis" mit Hilfe der CD-ROM vor und schickt es dem zuständigen Vorgesetzten.

↓

Vorgesetzter beurteilt Leistung und Verhalten. Gespräch mit dem Mitarbeiter über die Beurteilung und die Gründe des Ausscheidens.

↓

Vorgesetzter schickt die Zeugnisnotizen ausgefüllt an die Personalabteilung zurück. Personalabteilung formuliert den Zeugnisentwurf.

↓

Zeugnisentwurf geht an den Vorgesetzten zurück. Evtl. noch Änderungen oder Ergänzungen, dann an die Personalabteilung zurück.

↓

Personalabteilung erstellt Endfassung. Aushändigung an Mitarbeiter am letzten Arbeitstag.

Praxis-Beispiel: Von den Zeugnisnotizen zum Endzeugnis

Der Verkaufsbereichsleiter Jürgen Stark hat sein unbefristetes Arbeitsverhältnis fristgerecht zum 31.03.2001 gekündigt, um eine Stelle als Exportleiter anzutreten. In seinem Kündigungsschreiben bittet er um ein qualifiziertes Zeugnis.

Die Personalabteilung schickt Anfang März das Formular „Notizen für ein qualifiziertes Arbeitszeugnis" mit ausgefülltem Deckblatt an den zuständigen Vorgesetzten, Herrn Panten, Leiter Vertrieb und Marketing, und bittet ihn, das Formular auszufüllen, die zutreffenden Textbausteine anzukreuzen bzw. zu ändern und zu ergänzen.

Am 17.03. führt Herr Panten mit Herrn Stark ein Beurteilungs- und Austrittsgespräch. Er hat das Formular ausgefüllt und eröffnet Herrn Stark seine Einschätzung der Leistung und des Verhaltens. Die beiden erzielen schnell einen Konsens.

Herr Panten schickt am 17.03. das ausgefüllte Formular an die Personalabteilung. Jetzt formuliert die Personalabteilung mit Hilfe der CD-ROM ADIOS einen Zeugnisentwurf und schickt ihn an Herrn Panten, der Herrn Stark noch einmal zu sich bittet, um ihm den Entwurf zu zeigen und eine Einigung über die endgültige Fassung zu erzielen. Herr Panten schickt die evtl. korrigierte Fassung an die Personalabteilung zurück. Erst jetzt wird die Endfassung geschrieben und am 31.03. zusammen mit den anderen Arbeitspapieren Herrn Stark ausgehändigt (siehe Seite 90).

Notizen für ein qualifiziertes Arbeitszeugnis

☐ Zwischenzeugnis ☒ Endzeugnis bitte bis ...*20.3.*... zurück an die Personalabteilung

Empfänger: Herr/Frau ...*Panten*..... Abteilung: *Vertrieb/Marketing*
(Zuständige Vorgesetzte/Zuständiger Vorgesetzter)

Angaben zur Person: ☐ Frau ☒ Herr

Vorname	Name	Geburtsdatum:	Tätigkeit:
Jürgen	*Stark*	*30.12.65*	*Verkaufsbereichsleiter*

Eintrittsdatum: *1.4.1996* Austrittsdatum: *31. März 2001*

☐ befristet ☒ unbefristet

Bitte ausfüllen und Zutreffendes ankreuzen:

Aufgaben/Verantwortung:
(Stichwortartig zur direkten Übernahme ins Arbeitszeugnis)

- Personalverantwortung für zehn Mitarbeiter
- Strategie-, Umsatz- und Absatzpläne (Budget)
- Absatzkalkulation
- Angebote erstellen
- Kundenbetreuung und Akquisition in internationalen Märkten (USA, Südamerika, Südafrika)
- Kunden- und Messebesuche
- Vertragsverhandlungen
- Umsatz- und Ergebnisverantwortung im Verkaufsgebiet
- Leitung des Versands
- Sortimentsplanung in Zusammenarbeit mit den Abteilungen Produktion, F + E, Qualitätssicherung

SOLL: Anforderungen (Beurteilungskriterien)	IST:			(männliche Version)
	A: Anforderungen weit übertroffen	B: Anforderungen übertroffen	C: Anforderungen erfüllt	Änderungen: Bausteine oder Zusatzformulierung
☒ **Fachwissen/Fachkönnen/ Weiterbildung**	☐ **10** Herr … ist ein hervorragender Fachmann, der auch schwierige Aufgaben souverän löst. ☐ **11** Herr … bewältigt mit seinem exzellenten Fachwissen und seiner langjährigen Berufserfahrung seine Aufgaben und löst auch schwierige Probleme souverän. ☐ **12** Er ist auf seinem Gebiet eine fachliche Autorität und löst auch schwierige Aufgaben. ☐ **13** Sein Fachwissen übertrifft die Anforderungen des Arbeitsplatzes erheblich. ☐ **14** Herr … hat sich beruflich weitergebildet und ist fachlich auf der Höhe der Zeit. Er hat Seminare besucht zu den Themen: ………… ………… ………… …………	☐ **15** Herr … ist ein kenntnisreicher Mitarbeiter, der Aufgaben und Probleme gut löst. ☐ **16** Herr … ist fachlich versiert, besitzt langjährige Berufserfahrung und kann sein Wissen gut umsetzen. ☒ **17** Herr … ist fachlich kompetent und löst mit seinem Können auch schwierige Aufgaben und Probleme. ☐ **18** Seine Fachkenntnisse übertreffen die Anforderungen des Arbeitsplatzes. ☒ **19** Er nutzt interne und externe Weiterbildungsangebote. Er hat u. a. Seminare besucht zu den Themen: – *„Führung durch Zielvereinbarung" (MbO)* – *Arbeitsrecht +* – *Strategisches Handeln im Verkauf.*	☐ **20** Herr … hat ein akzeptables Fachwissen, das er in die Praxis umsetzen kann. ☐ **21** Herr … ist ein erfahrener Fachmann, der sein Wissen auch umsetzen kann. ☐ **22** Mit seinen Kenntnissen und seiner Erfahrung erzielt Herr … akzeptable Lösungen. ☐ **23** Er erfüllt die fachlichen Voraussetzungen. ☐ **24** Er hat interne Weiterbildungsveranstaltungen besucht.	*Er besitzt gute verkäuferische Fähigkeiten.*

SOLL: Anforderungen (Beurteilungskriterien)	**IST:**		**(männliche Version)**	
	A: Anforderungen weit übertroffen	**B:** Anforderungen übertroffen	**C:** Anforderungen erfüllt	**Änderungen:** Bausteine oder Zusatzformulierung
	☐ **25** **Offener Baustein:** Besondere Fachkenntnisse, Fremdsprachen, EDV- und PC-Kenntnisse *Er hat gute PC-Anwenderkenntnisse (Windows, Excel).* *Sein Englisch und Französisch ist verhandlungssicher, außerdem hat er gute Spanischkenntnisse.*			
☒ **Geistige und kreative Fähigkeiten**	☐ **26** Er ist kreativ und kann andere begeistern. Er sucht und findet neue Lösungen. ☐ **27** Er erfasst schnell den Kern einer Sache, schätzt sie realistisch ein und kommt zu einem sicheren Urteil. ☐ **28** Er plant und organisiert seine Arbeit systematisch.	☒ **29** Er hat eine gute Auffassungsgabe und erkennt schnell, worauf es ankommt. ☐ **30** Er hat gute Ideen, entwickelt Konzepte und setzt sie um. ☐ **31** Er kann komplizierte Arbeitsabläufe analysieren und neu organisieren.	☐ **32** Er beurteilt die Dinge realistisch. ☐ **33** Er erfasst das Wesentliche und hat einen ausgeprägten Ordnungssinn. ☐ **34** Er hat einen gesunden Menschenverstand und geht praktisch an die Dinge heran.	
☒ **Ausdrucksvermögen** (mündlich und schriftlich)	☐ **35** Er bereitet Vorträge und Präsentationen professionell vor. Seine Gedanken kann er klar und anschaulich darstellen. ☐ **36** Bei Verhandlungen ist er sehr geschickt, wahrt immer die Interessen des Unternehmens und erzielt sehr gute Erfolge. ☐ **37** Er bringt einen Sachverhalt auf den Punkt und kann ihn klar und anschaulich formulieren.	☒ **38** Er kann treffend formulieren und überzeugend argumentieren. ☒ **39** Er ist geschickt bei Verhandlungen und erzielt gute Erfolge. ☐ **40** Er kann einen Sachverhalt präzise darstellen und anschaulich vermitteln.	☐ **41** Bei Verhandlungen wahrt er immer die Interessen des Unternehmens. ☐ **42** Er kann sich verständlich ausdrücken. ☐ **43** Er kann einen Sachverhalt richtig vermitteln.	

SOLL: Anforderungen (Beurteilungskriterien)	**IST:**			**(männliche Version)**
	A: Anforderungen weit übertroffen	**B:** Anforderungen übertroffen	**C:** Anforderungen erfüllt	**Änderungen:** Bausteine oder Zusatzformulierung
☒ **Soziale Fähigkeiten** ☐ Empathie ☐ Veränderungsbereitschaft ☐ Persönlichkeitsmerkmale	☐ **44** Herr … ist begeisterungsfähig, besitzt Einfühlungsvermögen, kann zuhören und ist Neuem gegenüber aufgeschlossen. ☐ **45** Herr … ist mit Begeisterung bei der Sache, ergreift die Initiative und treibt die Dinge voran. ☐ **46** Herr … hat eine positive Einstellung zu seiner Arbeit, ist Veränderungen gegenüber aufgeschlossen und kann sich schnell auf neue Situationen einstellen. ☐ **47** Er ist sehr beherrscht und kann gut mit seinen Gefühlen umgehen. ☒ **48** Er sieht Fehler als Lernerfahrung und Chance an, um besser zu werden. ☐ **49** Er hat ein sicheres Gespür für die Reaktion der Kunden und kann sich schnell darauf einstellen. ☐ **50** Er ist besonnen und abwägend im Urteil und besitzt Augenmaß. ☐ **51** Er ist glaubwürdig und steht zu dem, was er sagt.	☐ **52** Herr … geht unbefangen an neue Dinge heran und engagiert sich mit Begeisterung. ☒ **53** Herr … reagiert flexibel auf Veränderungen, passt sich schnell an und findet sich in der neuen Situation gut zurecht. ☐ **54** Herr … ist sehr beweglich und stellt sich rasch auf neue Situationen ein. ☒ **55** Er ist diszipliniert und hat seine Gefühle unter Kontrolle. Er kann sich in die Lage anderer versetzen und versteht ihre Beweggründe. ☐ **56** Er begreift Fehler als Chance, dazuzulernen und sein Verhalten zu ändern. ☒ **57** Er besitzt ein gutes Einfühlungsvermögen und weiß, was Kunden wollen. ☒ **58** Er ist eigenständig, überlegt und sicher in seinem Urteil. ☐ **59** Er ist ehrgeizig und übernimmt gerne Verantwortung.	☐ **60** Herr … ist veränderungsbereit und stellt sich darauf ein. ☐ **61** Herr … steht Neuem nicht ablehnend gegenüber. ☐ **62** Er ist bereit, sich auf neue Anforderungen einzustellen. ☐ **63** Er geht sachlich und nüchtern an die Dinge heran und kann sich auf Menschen einstellen. ☐ **64** Er bemüht sich bei Fehlern darum, dass sie sich nicht wiederholen. ☐ **65** Er stellt sich auf die Wünsche der Kunden ein. ☐ **66** Er urteilt sachlich und nicht vorschnell. ☐ **67** Er ist umgänglich und hat eine realistische Einstellung.	

SOLL: Anforderungen (Beurteilungskriterien)	**IST:** **A:** Anforderungen weit übertroffen	**B:** Anforderungen übertroffen	**C:** Anforderungen erfüllt (männliche Version)	**Änderungen:** Bausteine oder Zusatzformulierung
	☐ **68** **Offener Baustein:** (Persönlichkeit) Sicheres Auftreten, loyal, aufrichtig, vertrauenswürdig, verantwortungsbereit, fair, souverän, humorvoll, besitzt Ausstrahlung, hilfsbereit, sympathisch, frisch, originell, ehrgeizig, gelassen, freundlich, höflich, besitzt gute Umgangsformen, sachlich, selbstsicher, energisch, lebhaft, energiegeladen, praktisch, gutes Urteilsvermögen, zuverlässig, durchsetzungsfähig, optimistische Grundhaltung, menschenfreundlich, heiter-optimistisch, verlässlich, gelassen, ausgeglichen, hält sich an Absprachen. (Keine Unterscheidungen nach Leistungsstufen.) *Er hat ein sicheres Auftreten und besitzt gute Umgangsformen.*			
☒ **Kommunikation/ Kooperation**	☐ **69** Herr … ist offen und kommunikativ. Er geht auf Menschen zu, arbeitet konstruktiv mit anderen zusammen und trägt Konflikte fair aus. ☐ **70** Herr … hat ein offenes Wesen, ist kommunikativ, schließt vernünftige Kompromisse und spielt im Team ein aktive Rolle. ☐ **71** Er arbeitet konstruktiv mit, macht Vorschläge und unterstützt die Teammitglieder. ☐ **72** Er identifiziert sich mit Teamentscheidungen und übernimmt die Verantwortung. ☐ **73** Er ist verträglich und kommt sehr gut mit anderen aus.	☒ **74** Herr … findet leicht Kontakt, ist offen in seiner Kommunikation, arbeitet kooperativ mit anderen zusammen und kommt zu guten Lösungen. ☐ **75** Er ist offen, produktiv im Team und kann gut mit anderen umgehen. ☐ **76** Er arbeitet aktiv im Team mit, nimmt Ideen der anderen auf und macht eigene Vorschläge. ☐ **77** Er identifiziert sich mit den Entscheidungen des Teams. ☐ **78** Er mag seine Mitmenschen, ist hilfsbereit und kommt gut mit ihnen aus.	☐ **79** Er ist umgänglich und arbeitet im Team mit. ☐ **80** Er ist geradeheraus und sagt, was er denkt. ☐ **81** Er ist zur Zusammenarbeit mit anderen bereit und kommt mit den Teammitgliedern zurecht. ☐ **82** Er arbeitet mit und verliert das Ziel nicht aus den Augen. ☐ **83** Er arbeitet im Team mit und steht zu den Arbeitsergebnissen. ☐ **84** Er arrangiert sich und kommt mit den anderen zurecht.	

SOLL: Anforderungen (Beurteilungskriterien)	IST:			(männliche Version)
	A: Anforderungen weit übertroffen	**B:** Anforderungen übertroffen	**C:** Anforderungen erfüllt	**Änderungen:** Bausteine oder Zusatzformulierung
☒ **Arbeitsleistung** ☐ Arbeitsweise ☐ Arbeitseinsatz ☐ Arbeitsergebnisse ☐ Nutzen für das Unternehmen	☐ **85** Er arbeitet selbstständig, schnell, effizient, sorgfältig und erzielt sehr gute Ergebnisse. Er arbeitet auch unter Termindruck überlegt und sicher. ☐ **86** Herr … verfolgt konsequent seine Ziele und kommt zu hervorragenden Ergebnissen. ☐ **87** Er packt seine Aufgaben tatkräftig an und bringt sie auch unter schwierigen Bedingungen zu einem sehr guten Abschluss. ☐ **88** Er versteht es, seine Arbeit zu planen, zu strukturieren und zu organisieren. ☐ **89** Er arbeitet äußerst zuverlässig, gewissenhaft und gründlich. Er übernimmt die Verantwortung für das, was er macht. ☐ **90** Er setzt alles daran, die Wünsche und Erwartungen unserer Kunden zu erfüllen.	☒ **91** Herr … ist belastbar und bewältigt hohen Arbeitsanfall. Er behält auch unter Zeitdruck einen klaren Kopf. ☒ **92** Er arbeitet selbstständig, verfolgt seine Ziele mit großer Ausdauer und erzielt gute Ergebnisse. ☐ **93** Er arbeitet sorgfältig, zuverlässig, engagiert und macht seine Sache gut. ☐ **94** Er kann seine Arbeit gut planen und organisieren. ☐ **95** Er arbeitet gewissenhaft und verantwortungsbewusst und vergisst nichts Wichtiges. Seine Arbeitsergebnisse übertreffen unsere Erwartungen. ☒ **96** Kundenwünsche haben bei ihm Vorrang.	☐ **97** Er arbeitet gleichmäßig und erreicht seine Ziele. ☐ **98** Er arbeitet gleichmäßig und verlässlich. ☐ **99** Er arbeitet weitgehend selbstständig und termingerecht. ☐ **100** Er erledigt seine Arbeit zügig und gleichmäßig. ☐ **101** Er erfüllt die Anforderungen. ☐ **102** Er ist freundlich zu den Kunden und stellt sich auf sie ein.	

SOLL: Anforderungen (Beurteilungskriterien)	**IST:** A: Anforderungen weit übertroffen	B: Anforderungen übertroffen	C: Anforderungen erfüllt	**(männliche Version)** **Änderungen:** Bausteine oder Zusatzformulierung
	☐ **103** **Offener Baustein:** (Konkreter Nutzen) Ideen eingebracht, Konzepte entwickelt, Projektarbeit, Kosten gesenkt, Produktivität gesteigert, Reklamationen reduziert, Stärken einsetzen (Beispiel: Er konnte seine Kontaktstärke und sein Verkaufstalent voll entfalten und den Umsatz in seinem Verkaufsbezirk allein im letzten Jahr um 20 % steigern). *Es ist ihm gelungen, die Umsätze und Erlöse deutlich zu steigern, allein im letzten Jahr um 12 %.*			
☒ **Führungsleistung** ☐ Auswahl/Einsatz ☐ Delegation ☐ Teamarbeit ☐ Information/Zielvereinbarung ☐ Konflikte ☐ Beurteilung/Förderung ☐ Organisation ☐ Beitrag zum Erfolg	☐ **104** Er hat ein gutes Gespür und eine sichere Hand bei Auswahl und Einsatz seiner Mitarbeiter. ☐ **105** Er überträgt bestimmte Aufgaben mit den entsprechenden Kompetenzen auf seine Mitarbeiter und lässt sie in ihrem Verantwortungsbereich selbstständig arbeiten und entscheiden. ☐ **106** Er gibt seinem Team Impulse, ermutigt die Mitarbeiter, eigene Vorschläge zu machen, und unterstützt sie dabei, ihre Fähigkeiten einzusetzen und ihre Stärken zu entfalten. ☐ **107** Er informiert seine Mitarbeiter rechtzeitig und umfassend, vereinbart Ziele und Leistungsstandards und kontrolliert den Arbeitsfortschritt und die Ergebnisse.	☒ **112** Er hat eine glückliche Hand bei der Auswahl seiner Mitarbeiter und kümmert sich darum, dass sie richtig eingearbeitet und integriert werden. ☒ **113** Er delegiert Aufgaben und Verantwortung, hat Vertrauen in die Fähigkeiten seiner Mitarbeiter und gibt ihnen Freiräume für eigene Entscheidungen. ☒ **114** Er unterstützt die Mitarbeiter bei ihren Aufgaben und sorgt dafür, dass sein Team an einem Strang zieht. Er vermittelt ihnen das Gefühl, dass ihre Arbeit wichtig ist. ☒ **115** Er informiert seine Mitarbeiter rechtzeitig, vereinbart realistische Ziele und kontrolliert ergebnisorientiert.	☐ **120** Er sucht seine Mitarbeiter sorgfältig aus und arbeitet sie ein. ☐ **121** Er bezieht seine Mitarbeiter bei der Planung mit ein und fragt sie bei Entscheidungen nach ihrer Meinung. ☐ **122** Er informiert seine Mitarbeiter über wichtige Dinge, gibt die grobe Richtung vor, vereinbart Ziele und kontrolliert die Ergebnisse. ☐ **123** Er berücksichtigt bei der Lösung von Konflikten sowohl die Interessen des Unternehmens als auch die Bedürfnisse der Mitarbeiter. ☐ **124** Er gibt seinen Mitarbeitern die Möglichkeit, sich beruflich weiterzubilden.	

SOLL: Anforderungen (Beurteilungskriterien)	IST:			(männliche Version)
	A: Anforderungen weit übertroffen	**B:** Anforderungen übertroffen	**C:** Anforderungen erfüllt	**Änderungen:** Bausteine oder Zusatzformulierung
	☐ **108** Er moderiert Besprechungen souverän und effizient. Auch schwierige Mitarbeitergespräche führt er mit Geschick und Einfühlungsvermögen. Bei Konflikten sucht er faire und konstruktive Lösungen. ☐ **109** Er sagt seinen Mitarbeitern, was er von ihnen erwartet, und gibt ihnen eine Rückmeldung über ihre Leistungen. Er erkennt die Stärken seiner Mitarbeiter und fördert ihre berufliche Entwicklung. ☐ **110** Er plant und organisiert seine Arbeit und seinen Verantwortungsbereich systematisch und setzt Mitarbeiter und Material sinnvoll ein. ☐ **111** Er hat ein partnerschaftliches Verhältnis zu seinen Mitarbeitern, ist offen für Kritik und gesteht eigene Fehler ein. Es besteht ein gegenseitiges Vertrauensverhältnis.	☐ **116** Er setzt sich mit der Wirklichkeit auseinander und nutzt Konflikte als Chance, die Situation zu klären und die Sache voranzubringen. ☐ **117** Er kümmert sich um seine Mitarbeiter, fördert ihre Entwicklung und setzt sich für ihre berufliche Weiterbildung ein. ☐ **118** Er sucht ständig nach Möglichkeiten, die Aufgaben besser zu erledigen und die Arbeitsabläufe zu straffen. Er geht dabei auch neue Wege. ☒ **119** Er hat guten Kontakt zu seinen Mitarbeitern. Das Arbeitsklima ist entspannt. Die Mitarbeiter vertrauen ihm und umgekehrt.	☐ **125** Er hält Kontakt zu seinen Mitarbeitern. Es herrscht eine sachliche Arbeitsatmosphäre.	
	☐ **126** <u>**Offener Baustein:**</u> (Stichworte) Beitrag zum Ganzen (Beispiel: Er hat unseren Außendienst neu strukturiert und organisiert, fähige Mitarbeiter eingestellt, neue Produkte wirksam eingeführt und zweistellige Zuwachsraten erzielt). Sein Wort gilt viel, geschickt beim Abbau von Widerständen gegen Veränderungen, reagiert schnell auf Marktveränderungen und Kundenwünsche, besitzt Augenmaß. Weitblick, kennt seine Stärken, Integrationsvermögen, kann zuhören, mag Menschen, trifft klare Entscheidungen. *Herr Stark hat es geschafft, in Südamerika neue Märkte zu erschließen, Kunden zu gewinnen und neue Produkte zu positionieren.*			

SOLL: Anforderungen (Beurteilungskriterien)	**IST:**			**(männliche Version)**
	A: Anforderungen weit übertroffen	**B:** Anforderungen übertroffen	**C:** Anforderungen erfüllt	**Änderungen:** Bausteine oder Zusatzformulierung
☐ **Sozialverhalten** Verhalten gegenüber Kunden, Lieferanten, Kollegen, Mitarbeitern, Vorgesetzten.	☐ **127** Herr … ist sehr hilfsbereit, kollegial und kommt mit allen gut zurecht. Kunden schätzen die angenehme Zusammenarbeit mit ihm. Zu seinem Vorgesetzten besteht ein Vertrauensverhältnis. ☐ **128** Er hat ein gutes Verhältnis zu seinen Mitarbeitern und Kollegen. Er arbeitet konstruktiv mit ihnen zusammen. Das Verhalten gegenüber seinen Vorgesetzten ist stets korrekt.	☒ **129** Kollegen und Geschäftsfreunde arbeiten gerne mit ihm zusammen. Vorgesetzte schätzen seine Bereitschaft zur Zusammenarbeit. Sein Verhalten ist immer einwandfrei. ☐ **130** Er arbeitet konstruktiv mit anderen zusammen, verhält sich kollegial und hat ein gutes Verhältnis zu seinem Vorgesetzten.	☐ **131** Er kommt mit allen gut aus. Sein Verhalten gegenüber Vorgesetzten ist korrekt. ☐ **132** Sein Verhalten gegenüber Vorgesetzten und Kollegen ist nicht zu beanstanden.	

Grund des Ausscheidens: ☒ Eigenkündigung ☐ Aufhebungsvertrag ☐ Personen- und verhaltensbedingte Gründe ☐ Betriebsbedingte Gründe

Wird das Ausscheiden bedauert? Ja ☐ Nein ☒

Datum *19. März 2001* Unterschrift des Vorgesetzten *Kurt Panten*

Endzeugnis für Herrn Jürgen Stark

(Firmenkopf)

Z e u g n i s

Herr Jürgen Stark, geboren am 30.12.1965, ist seit dem 01.04.1996 in unserem Unternehmen beschäftigt. Nach Einarbeitung im Innen- und Außendienst ist er als Verkaufbereichsleiter für die Länder USA, Südamerika und Südafrika für uns tätig.

Aufgaben/Verantwortung:

- Personalverantwortung für zehn Mitarbeiter
- Strategie-, Umsatz- und Absatzpläne (Budget)
- Absatzkalkulation
- Angebote erstellen
- Kundenbetreuung und Akquisition in internationalen Märkten: USA, Südamerika, Südafrika
- Kunden- und Messebesuche
- Vertragsverhandlungen
- Umsatz- und Ertragsverantwortung im Verkaufsgebiet
- Leitung des Versands
- Sortimentsplanung in Zusammenarbeit mit den Abteilungen Produktion, F+E und Qualitätssicherung

Herr Stark ist fachlich kompetent und besitzt gute verkäuferische Fähigkeiten. Er nutzt interne und externe Weiterbildungsangebote und hat Seminare besucht zu den Themen

- Führung durch Zielvereinbarung (MbO)
- Arbeitsrecht für Führungskräfte
- Strategisches Handeln im Verkauf

Er hat gute PC-Kenntnisse (Windows, Excel). Sein Englisch und Französisch ist verhandlungssicher. Außerdem hat er gute Spanischkenntnisse.

Herr Stark hat eine gute Auffassungsgabe und erkennt schnell, worauf es ankommt. Er kann treffend formulieren und überzeugend argumentieren. Er ist geschickt bei Verhandlungen und erzielt gute Erfolge.

Herr Stark reagiert flexibel auf Veränderungen, passt sich schnell an und findet sich in der neuen Situation

Seite 2: Endzeugnis Jürgen Stark

gut zurecht. Er ist diszipliniert und hat seine Gefühle unter Kontrolle. Er kann sich in die Lage anderer versetzen und versteht ihre Beweggründe. Er sieht Fehler als Lernerfahrung und Chance an, um besser zu werden. Er hat ein gutes Einfühlungsvermögen und weiß, was Kunden wollen. Er ist eigenständig, überlegt und sicher im Urteil.

Herr Stark hat ein sicheres Auftreten und gute Umgangsformen. Er findet leicht Kontakt, ist offen in seiner Kommunikation und arbeitet kooperativ mit anderen zusammen. Er ist belastbar und bewältigt hohen Arbeitsanfall. Er behält auch unter Zeitdruck einen klaren Kopf. Er arbeitet selbstständig, verfolgt mit großer Ausdauer seine Ziele und erzielt gute Ergebnisse. Kundenwünsche haben bei ihm Vorrang.

Es ist ihm gelungen, die Umsätze und Erlöse deutlich zu steigern, allein im letzten Jahr um 12 %. Er hat es geschafft, in Südamerika neue Märkte zu erschließen, Kunden zu gewinnen und neue Produkte zu positionieren.

Herr Stark hat eine glückliche Hand bei der Auswahl seiner Mitarbeiter und kümmert sich darum, dass sie richtig eingearbeitet und integriert werden. Er delegiert Aufgaben und Verantwortung, hat Vertrauen in die Fähigkeiten seiner Mitarbeiter und gibt ihnen Freiräume für eigene Entscheidungen. Er unterstützt sie bei ihren Aufgaben und sorgt dafür, dass sein Team an einem Strang zieht. Er vermittelt ihnen das Gefühl, dass ihre Arbeit wichtig ist. Er informiert seine Mitarbeiter rechtzeitig, vereinbart realistische Ziele und kontrolliert ergebnisorientiert.

Er hat guten Kontakt zu seinen Mitarbeitern. Das Arbeitsklima ist entspannt. Die Mitarbeiter vertrauen ihm und umgekehrt.

Kollegen und Geschäftsfreunde arbeiten gerne mit ihm zusammen. Vorgesetzte schätzen seine Bereitschaft zur Zusammenarbeit. Sein Verhalten ist immer einwandfrei.

Herr Stark verlässt das Unternehmen mit dem heutigen Tag auf eigenen Wunsch, um sich beruflich weiterzuentwickeln. Wir danken ihm für seine engagierte Mitarbeit und wünschen ihm für die Zukunft alles Gute und weiterhin viel Erfolg.

Ort/31.03.2001

Unterschriften

Musterzeugnisse

Die nachfolgenden qualifizierenden Arbeitszeugnisse wurden mit ADIOS erstellt.

- Geschäftsführer
- Leiterin Sozialstation (offen formuliert)
- Verkaufsleiter Außendienst (offen und strukturiert)
- Leiterin Auftragsabwicklung (offen, strukturiert, mit Anforderungsprofil, was rechtlich nicht zwingend ist)
- Zwischenzeugnis (offen, strukturiert, mit Anforderungsprofil)

Geschäftsführer

(Firmen-Briefkopf)

Z e u g n i s

Herr Wolfgang Hansen, geboren am 14.08.1962, ist am 01.10.1992 als Assistent der Geschäftsleitung in unser Unternehmen eingetreten. Über diese Tätigkeit, die bis zum 31.03.1995 dauerte, wurde bereits ein Zeugnis ausgestellt.

Seit 01.04.1995 ist Herr Hansen als Geschäftsführer für uns tätig und verantwortlich für den Unternehmensbereich ....

Seine Aufgaben sind:

- Personalverantwortung für 120 Mitarbeiter
- Verantwortung für Vertrieb, Produktion, Technik und kaufmännische Verwaltung
- Ergebnisverantwortung
- Unternehmensstrategie
- Erschließen neuer Absatzmärkte

Herr Hansen bewältigt mit seinem exzellenten Fachwissen und seiner Berufserfahrung seine Aufgaben und löst auch schwierige Probleme. Er hat sich beruflich weitergebildet und ist fachlich auf der Höhe der Zeit. Er hat u. a. Managementseminare in St. Gallen besucht. Seine Englischkenntnisse sind ausgezeichnet, seine PC-Anwender-

Seite 2: Zeugnis Wolfgang Hansen

kenntnisse (MS-Office) entsprechen den Anforderungen seiner Aufgabe.

Herr Hansen hat eine schnelle Auffassungsgabe, besitzt Augenmaß, denkt in größeren Zusammenhängen, schätzt die Dinge realistisch ein und kommt zu einem sicheren Urteil. Er bereitet Präsentationen professionell vor und kann seine Gedanken anschaulich darstellen. Bei Verhandlungen ist er sehr geschickt, wahrt immer die Interessen des Unternehmens und erzielt sehr gute Erfolge.

Herr Hansen ist mit Begeisterung bei der Sache, steht Veränderungen positiv gegenüber und kann sich rasch auf neue Situationen einstellen. Er besitzt ein gutes Einfühlungsvermögen und weiß, was Kunden wollen.

Er ist diszipliniert und hat seine Gefühle unter Kontrolle. Er sieht Fehler als Lernerfahrung und Chance an, um besser zu werden.

Herr Hansen hat ein sicheres Auftreten, besitzt gute Umgangsformen und eine optimistische Grundhaltung. Er ist integer und loyal. Man kann sich darauf verlassen, was er sagt, er hält sich an Absprachen.

Herr Hansen findet leicht Kontakt, ist offen in seiner Kommunikation und arbeitet konstruktiv mit anderen zusammen. Er arbeitet selbstständig, schnell, effizient, sorgfältig und erzielt sehr gute Ergebnisse. Er arbeitet auch unter Termindruck überlegt und sicher. Er setzt alles daran, um die Wünsche und Erwartungen unserer Kunden zu erfüllen.

Herr Hansen denkt und handelt unternehmerisch. Er hat wesentlich zum Erfolg unseres Unternehmens beigetragen. Er hat u. a. neue Absatzmärkte für die Produkte xyz erschlossen. Durch Produkt- und Produktionsentwicklung konnten in den letzten drei Jahren die Verkaufsmengen erhöht und die Ergebnisse verdoppelt werden.

Er hat unser Werk Z., für das er seit zwei Jahren verantwortlich ist, umstrukturiert und personell, logistisch und produktionstechnisch neu ausgerichtet. Es ist ihm gelungen, den Gewinn innerhalb von zwei Jahren um mehr als x % zu steigern und die strategische Neupositionierung abzusichern.

Seite 3: Zeugnis Wolfgang Hansen

Herr Hansen hat eine glückliche Hand bei der Auswahl seiner Mitarbeiter. Er kümmert sich darum, dass sie richtig eingearbeitet und integriert werden. Er delegiert Aufgaben und Verantwortung, hat Vertrauen in die Fähigkeiten seiner Mitarbeiter und gibt ihnen Freiräume für eigene Entscheidungen.

Herr Hansen informiert seine Mitarbeiter rechtzeitig und umfassend, vereinbart realistische Ziele und Leistungsstandards und kontrolliert Arbeitsfortschritt und Ergebnisse. Er moderiert Besprechungen souverän und effizient. Auch schwierige Mitarbeitergespräche führt er mit Geschick und Empathie. Er setzt sich mit der Wirklichkeit auseinander und nutzt Konflikte als Chance, die Situation zu klären und die Sache voranzubringen. Bei zwischenmenschlichen Konflikten sucht er faire und konstruktive Lösungen. Er sagt seinen Mitarbeitern, was er von ihnen erwartet und gibt ihnen eine Rückmeldung über ihre Leistungen. Er erkennt die Stärken seiner Mitarbeiter und fördert ihre berufliche Entwicklung.

Herr Hansen plant und organisiert seine Arbeit und seinen Verantwortungsbereich systematisch. Er sucht ständig nach Möglichkeiten, die Aufgaben besser zu erledigen und die Arbeitsabläufe zu straffen.

Herr Hansen hat ein partnerschaftliches Verhältnis zu seinen Mitarbeitern. Er ist offen für Kritik, das Arbeitsklima ist entspannt. Seine Mitarbeiter vertrauen ihm und umgekehrt.

Herr Hansen ist sehr hilfsbereit, kollegial und kommt mit allen gut zurecht. Kunden und Mitarbeiter schätzen die angenehme Zusammenarbeit mit ihm. Zu seinem Vorgesetzten besteht ein Vertrauensverhältnis.

Herr Hansen verlässt das Unternehmen auf eigenen Wunsch zum 31.03.2001, was wir sehr bedauern. Wir danken ihm für die konstruktive Mitarbeit und wünschen ihm für die Zukunft weiterhin viel Erfolg.

Ort, den 31.03.2001

Unterschriften

Leiterin Sozialstation

Dieses Zeugnis ist offen formuliert.

(Firmen-Briefkopf)

Z e u g n i s

Frau Karin Daume ist seit 01.10.1990 als Leiterin der Sozialstation bei uns beschäftigt.

Aufgaben/Verantwortung:

- Personalverantwortung (180 Mitarbeiter)
- Zivildienstbeauftragte
- Personalangelegenheiten (Personalauswahl, Personalentwicklung, Abmahnungen, Kündigungen, Zeugnisse)
- Erstellen und Überwachen des Haushaltsplans
- Pflegenotdienst (Verträge, Anleitung, Jahresauswertung)
- Außenvertretung (Landesverband, Netzwerktreffen usw.)
- Organisation und Koordination der Arbeitsabläufe
- Verantwortung für die Einhaltung gesetzlicher Vorschriften
- Akquisition (Konzeption und Umsetzung)

Frau Daume ist fachlich qualifiziert und hat gute PC-Kenntnisse (Word, Excel). Sie kann Konzepte entwickeln und in die Praxis umsetzen, kann anschaulich erklären und ist stets bereit, sich weiterzubilden. Sie hat u. a. Seminare besucht zu den Themen Personalführung, Pflegeversicherung, Betriebswirtschaft und Arbeitsrecht.

Frau Daume hat eine optimistisch-realistische Grundhaltung und besitzt Empathie, was für ihre Aufgabe unerlässlich ist. Sie kann gut zuhören, ist geduldig und arbeitet kundenorientiert. Sie verfolgt ihre Ziele mit langem Atem und versteht es, Kundenwünsche und Wirtschaftlichkeit in Einklang zu bringen.

Seite 2: Zeugnis Karin Daume

Frau Daume hat die Sozialstation mit großem Engagement aufgebaut. Sie hat Ideen eingebracht, Veränderungen angeschoben und neue Geschäftsfelder erschlossen. Sie hat mit viel organisatorischem Geschick EDV-Abrechnungs- und -Einsatzplanungsprogramme eingeführt und die Umstellung auf die Pflegeversicherung erfolgreich vollzogen. Unter ihrer Leitung hat sich das Dienstleistungsangebot der Sozialstation qualitativ und quantitativ erheblich verbessert.

Frau Daume hat ihren Verantwortungsbereich bestens organisiert und effizient ausgerichtet. Sie hat ein gutes Gespür und eine sichere Hand bei Auswahl und Einsatz ihrer Mitarbeiter. Sie besitzt gute Führungseigenschaften, kommuniziert offen, gibt Informationen weiter und delegiert Aufgaben und Verantwortung. Sie ist als Vorgesetzte anerkannt.

Frau Daume arbeitet selbstständig, schnell, effizient und erzielt sehr gute Ergebnisse. Sie hat im Jahre 1996 für die ganze Stadt xx den Pflegenotdienst eingeführt, den sie bis heute betreut.

Frau Daume setzt ihren Mitarbeitern klare Ziele und unterstützt sie bei der Bewältigung ihrer Aufgaben. Sie hat eine klare Vorstellung davon, was getan werden muss, und setzt Arbeitsmittel und Material kostenbewusst ein.

Frau Daume arbeitet konstruktiv mit anderen zusammen, verhält sich kollegial und kommt mit den Kooperationspartnern gut zurecht. Ihr Verhalten gegenüber Vorgesetzten ist stets einwandfrei.

Frau Daume verlässt unsere Einrichtung, um sich beruflich zu entwickeln und innerhalb des Verbandes eine neue Aufgabe zu übernehmen. Wir danken ihr für ihre engagierte Mitarbeit und wünschen ihr für ihre berufliche Zukunft weiterhin viel Erfolg.

Ort/Datum

Unterschrift Geschäftsleitung

Verkaufsleiter Außendienst

Dieses Zeugnis ist offen und strukturiert formuliert.

(Firmenkopf)

Z e u g n i s

Persönliche Daten

Heinz Meyer, geboren am 25.07.1959

Dauer und Art der Beschäftigung

01.04.1993 bis 31.03.2001 als Verkaufsleiter Außendienst

Aufgaben/Verantwortung

- Leiten der Außendienstorganisation
- Ergebnisverantwortung
- Personalverantwortung (14 Mitarbeiter)
- Vertriebs-, Kosten- und Umsatzplanung
- Planung und Überwachung des Auftragswesens
- Vertriebs-Berichtswesen
- Persönlicher Kontakt zu den Meinungsbildnern
- Markt- und Konkurrenzbeobachtung
- Personalauswahl, Personalentwicklung
- Laufende Anpassung der Vertriebsorganisation an die Markterfordernisse
- Schulung von Mitarbeitern (Verkauf, Produkte)
- Präsentationen bei Kunden
- Teilnahme an Kongressen und Symposien im In- und Ausland

Seite 2: Zeugnis Heinz Meyer

Leistung/Führung

Herr Meyer ist ein ehrgeiziger, ideenreicher und entscheidungsfreudiger Mitarbeiter mit großem verkäuferischen Talent. Er ist fachlich kompetent, kann überzeugend argumentieren, geschickt verhandeln und hat gute soziale Fähigkeiten. Es gelingt ihm schnell, Kontakte herzustellen und zu Mitarbeitern und Kunden positive Beziehungen aufzubauen.

Herr Meyer besitzt gute Führungsqualitäten. Er setzt seinen Mitarbeitern klar formulierte, realistische Ziele, informiert sie rechtzeitig und umfassend und unterstützt sie bei ihrer Arbeit.

Herr Meyer hat es geschafft, in kurzer Zeit ein gut funktionierendes Außendienst-Team aufzubauen. Er begeistert seine Mitarbeiter für die gemeinsame Sache und erreicht mit ihnen zusammen seine ehrgeizigen Ziele. Es ist ihm durch seinen enormen persönlichen Einsatz ganz schnell gelungen, bei der Erprobung unserer Produkte eine hohe Akzeptanz im Markt zu erreichen und außerordentliche Umsatzerfolge zu erzielen.

Herr Meyer denkt unternehmerisch, arbeitet kundenorientiert, effektiv und erzielt sehr gute Ergebnisse.

Er arbeitet konstruktiv mit anderen zusammen. In seinem Team herrscht eine gute Arbeitsatmosphäre. Zu Kunden ist er stets freundlich, sein Verhalten gegenüber der Firma und seinen Vorgesetzten ist loyal und korrekt.

Herr Meyer verlässt das Unternehmen auf eigenen Wunsch. Wir bedauern sein Ausscheiden sehr, danken ihm für seine engagierte Mitarbeit und wünschen ihm weiterhin viel Erfolg.

Ort/31.03.2001

Unterschrift Geschäftsleitung

Leiterin Auftragsabwicklung

Dieses Zeugnis ist offen, strukturiert und mit Anforderungsprofil formuliert, was rechtlich nicht zwingend ist.

(Firmen-Briefkopf)

Z e u g n i s

Persönliche Daten

Julia Breitner, geboren am 02.05.1968

Dauer und Art der Beschäftigung

Vom 01.10.1996 bis 31.03.2001 als Leiterin Auftragsabwicklung

Anforderungsprofil

- Ausbildung als Außenhandelskauffrau
- Berufserfahrung zwei bis drei Jahre
- Sehr gute russische und englische Sprachkenntnisse
- Soziale Kompetenz
- Führungsqualitäten
- Gute PC-Kenntnisse

Aufgaben/Verantwortung

- Personalverantwortung für vier Mitarbeiter
- Auftragsabwicklung
- Rechnungserstellung
- Kundenkontakte Russland
- Einkaufsabwicklung Deutschland

Seite 2: Zeugnis Julia Breitner

Leistung/Führung

Frau Breitner ist eine engagierte Mitarbeiterin, begeisterungsfähig, offen und vertrauenswürdig. Sie hat eine optimistische Grundhaltung, ist realistisch und Veränderungen gegenüber aufgeschlossen.

Frau Breitner hat sich ein ausgezeichnetes Fachwissen angeeignet, das sie gut umsetzen kann. Sie hat sich ständig weitergebildet und Seminare besucht zu den Themen Außenhandel, Rechnungswesen und Personalführung.

Sie hat gute Ideen, besitzt Organisationstalent, kann sich klar ausdrücken und argumentiert überzeugend.

Frau Breitner besitzt Eigeninitiative, arbeitet effizient und kundenorientiert, verfolgt ihre Ziele mit Ausdauer und kommt zu guten Ergebnissen.

Sie hat die Auftragsabwicklung neu organisiert, die Arbeitsabläufe optimiert und die Kommunikation mit unserem Moskauer Büro erheblich verbessert. Ihr Russisch ist exzellent, außerdem besitzt sie sehr gute englische Sprachkenntnisse.

Frau Breitner besitzt Einfühlungsvermögen und hat stets ein offenes Ohr für ihre Mitarbeiter. Sie unterstützt sie bei ihrer Arbeit und bezieht sie in ihre Entscheidungen ein. Durch ihre positiven Beziehungen trägt sie wesentlich zur guten Arbeitsatmosphäre bei. Sie ist als Vorgesetzte anerkannt.

Frau Breitner kommt gut mit Mitarbeitern und Kollegen zurecht. Zu ihrem Vorgesetzten besteht ein Vertrauensverhältnis.

Frau Breitner verlässt das Unternehmen auf eigenen Wunsch. Wir bedauern, dass sie uns verlässt, danken ihr für ihre Mitarbeit und wünschen ihr für ihre Zukunft alles Gute. Wir können diese zuverlässige und tüchtige Mitarbeiterin weiterempfehlen.

Ort, 31.03.2001

Unterschrift
Geschäftsleitung

Zwischenzeugnis – Fahrdienstleister

Dieses Zeugnis ist offen, strukturiert und mit Anforderungsprofil formuliert.

(Firmenkopf)

Zwischenzeugnis

Persönliche Daten

Albert Rust, geboren am 02.03.1963

Dauer und Art der Beschäftigung

Seit 01.01.1996 als Fahrdienstleiter

Anforderungsprofil

- Ausbildung als Speditionskaufmann
- Fundierte Logistikkenntnisse
- Organisationstalent
- Soziale Kompetenz
- Erfahrung in der Mitarbeiterführung

Aufgaben/Verantwortung

- Personalverantwortung (40 Mitarbeiter)
- Personalsuche und -auswahl
- Disposition und Verantwortung für den Fuhrpark
- Kostenstellen- und Umsatzverantwortung (1,3 Millionen)
- Betriebswirtschaftliche Analysen
- Projektarbeit

Seite 2: Zeugnis Albert Rust

Leistung/Führung

Herr Rust ist ein engagierter Mitarbeiter, begeisterungsfähig, offen und vertrauenswürdig. Er hat eine optimistische Grundhaltung, ist realistisch und Veränderungen gegenüber aufgeschlossen.

Herr Rust hat ein ausgezeichnetes Fachwissen, das er gut umsetzen kann. Er kann analytisch und konzeptionell denken, überzeugend argumentieren und seine Vorstellungen anschaulich präsentieren. Er hat sich ständig weitergebildet und Seminare besucht (Arbeitsrecht, Softwareschulung Outlook).

Herr Rust arbeitet selbstständig, kunden- und ergebnisorientiert. Er behält auch bei hohem Arbeitsanfall und in schwierigen Situationen den Überblick.

Herr Rust besitzt Organisationstalent und Eigeninitiative. Er hat unseren Fahrdienst neu organisiert, die Kosten gesenkt, das Auftragsvolumen gesteigert und die Kundenreklamationen erheblich gesenkt, was die Kundenzufriedenheit beträchtlich erhöht hat.

Herr Rust arbeitet effizient, verfolgt seine Ziele mit Ausdauer und erzielt hervorragende Ergebnisse. Er übernimmt gerne Verantwortung und denkt unternehmerisch. Er hat stets ein offenes Ohr für seine Mitarbeiter, unterstützt sie bei ihrer Arbeit und bezieht sie in seine Entscheidungen ein. Durch seine positiven Beziehungen trägt er wesentlich zur guten Arbeitsatmosphäre bei. Er setzt klare Ziele und übt eine Erfolgskontrolle aus. Er ist als Vorgesetzter anerkannt.

Herr Rust arbeitet konstruktiv mit anderen zusammen. Mit Kunden, Kollegen und Mitarbeitern kommt er gut zurecht. Zu seinem Vorgesetzten besteht ein Vertrauensverhältnis.

Dieses Zwischenzeugnis wird auf Wunsch von Herrn Rust ausgestellt.

Ort/Datum

Unterschrift Geschäftsleitung

Beurteilungs- und Austrittsgespräch

Grundsätzliches

Leistung und Sozialverhalten kann nur der unmittelbare Vorgesetzte beurteilen.

Wichtig: Das gehört zu den Führungsaufgaben und kann nicht delegiert werden.

Wie bei jeder anderen Beurteilung auch kann man keine objektiven Aussagen über Verhalten, Eigenschaften, Fähigkeiten und Leistungen machen. Die Beurteilung des Vorgesetzten wird immer subjektiv sein und möglicherweise fehlerhaft, weil der beurteilende Vorgesetzte auch Fehler macht.

Nach der Rechtsprechung des Bundesarbeitsgerichts (siehe Kapitel 6) hat der Zeugnisaussteller einen erheblichen Beurteilungsspielraum. Danach ist es Sache des Arbeitgebers zu entscheiden, wie er Leistung und Verhalten bewertet.

Gesprächsziel

Wenn der Mitarbeiter das Unternehmen auf eigenen Wunsch verlässt, sollte der unmittelbare Vorgesetzte dieses Gespräch nutzen, etwas über die Gründe des Weggangs zu erfahren. Sind es nicht persönliche Gründe, besteht immer ein Zusammenhang mit der Arbeit, dem Arbeitsklima, den Arbeitsbedingungen und den zwischenmenschlichen Beziehungen.

Das eigentliche Ziel eines solchen Beurteilungsgesprächs ist, den Mitarbeiter darüber zu informieren, wie der Vorgesetzte die Leistung und das Sozialverhalten beurteilt. Der Vorgesetzte sollte in diesem Gespräch einen Konsens oder Kompromiss anstreben.

Gesprächseröffnung

Eine gute Voraussetzung für ein offenes Gespräch ist eine positive Eröffnung: Es geht um Ihr Arbeitszeugnis. Ich als Ihr Vorgesetzter werde eine Beurteilung schreiben. Darüber möchte ich gerne mit Ihnen sprechen. Vorausschicken möchte ich, dass ich es sehr schade finde, dass Sie das Unternehmen verlassen. Ich bedauere das sehr. Und ich würde auch gerne etwas über die Gründe erfahren, vor allem dann, wenn es etwas mit der Firma zu tun hat, mit der Bezahlung oder mit dem Arbeitsklima. Zunächst aber würde ich gerne von Ihnen wissen, was Sie positiv sehen und was nicht. Beginnen wir mit dem letzten Punkt: Was fanden Sie gut in dieser Firma?

Gesprächsverlauf

Es geht um eine realistische und faire Einschätzung der Leistung durch den Vorgesetzten, trotz aller Subjektivität. Zur Fairness gehört, dem Mitarbeiter die Chance zu geben, Einwände gegen die Beurteilung vorzubringen und darüber zu diskutieren. Ein fairer Chef ist bemüht, Beurteilungsfehler zu vermeiden, Willkür auszuschalten und nicht dem Halo-Effekt zu erliegen, d. h., die Sympathie überstrahlt alle Fehler und Schwächen.

Bevor Sie mit dem Mitarbeiter über die Beurteilung seiner Leistung sprechen, sollten Sie ihn bitten, eine Selbsteinschätzung seiner Leistung abzugeben. Fragen Sie, auf welchem Gebiet er seiner Meinung nach

- Spitzenleistung
- gute Leistung
- akzeptable Leistung

erbracht hat. Fordern Sie ihn auf, Beispiele zu nennen.

Gehen Sie dann anhand der „Zeugnisnotizen" mit dem Mitarbeiter die einzelnen Beurteilungskriterien durch und teilen Sie ihm Ihre Bewertung mit. Reden Sie von sich aus nicht über seine Schwächen. Sprechen Sie von seinen Stärken und Fähigkeiten, die er bei seiner Arbeit einsetzen konnte. Sprechen Sie ausführlich über die Arbeitsleistung, die Arbeitsergebnisse und über den positiven Beitrag zum Unternehmenserfolg.

Gesprächsabschluss

Versuchen Sie am Schluss des Gesprächs, einen Konsens oder wenigstens einen Kompromiss über die wichtigsten Punkte der Beurteilung zu erzielen. Erläutern Sie das weitere Vorgehen: Sie geben die Zeugnisnotizen mit Ihrer Bewertung jetzt an die Personalabteilung. Dort wird ein Zeugnisentwurf formuliert, der über den Vorgesetzten an den Mitarbeiter geht. Zu diesem Zeitpunkt können noch Korrekturen gemacht werden, bevor die Endfassung geschrieben wird.

Checkliste: Beurteilungsgespräch

Einladung

- Gesprächsort:
  - Besprechungsraum
  - Ungestört
  - Vier-Augen-Gespräch
- Termin:
  - Zeitpunkt vereinbaren
  - Voraussichtliche Dauer mitteilen, z. B. maximal eine Stunde.

Schicken Sie zusammen mit der Einladung eine Kopie der ersten Seite der Zeugnisnotizen an den Mitarbeiter und bitten Sie ihn, die Aufgabenbeschreibung zu überprüfen und zum Gespräch mitzubringen.

Gesprächseröffnung

- Positive Eröffnung
- Ablauf erläutern

Gesprächsverlauf

- Selbsteinschätzung: Beispiele für
  - Spitzenleistung
  - gute Leistung
  - akzeptable Leistung
- Eröffnung der Beurteilung des Vorgesetzten nach den Kriterien der Zeugnisnotizen
  - Einwände diskutieren
  - Über die Austrittsgründe sprechen

Gesprächsabschluss

- Konsens oder Kompromiss über den Zeugnisinhalt
- Weiteres Vorgehen erläutern: Zeugnisentwurf wird von der Personalabteilung formuliert (Korrekturen noch möglich)

Führungskräfte formulieren ihr Zeugnis selbst

5

Der Arbeitsmarkt hat sich verändert

Aus dem Käufermarkt der 70er und 80er Jahre ist ein Verkäufermarkt geworden. Auch Bewerber um Führungspositionen müssen sich im Wettbewerb behaupten und ihre Chancen optimieren. Zu einer attraktiven Bewerbung gehört heute auch ein gutes, aussagekräftiges Zeugnis, das sich stark an den Arbeitsergebnissen und am Arbeitserfolg ausrichtet.

Anleitung zum Selbermachen

Es gibt gute Gründe, selbst einen Zeugnisentwurf zu formulieren. Entweder fordern die Firmen selbst dazu auf, oder aber der Mitarbeiter ergreift die Initiative. Er möchte sicher gehen, ein wirklich gutes Zeugnis zu bekommen, und formuliert deshalb selbst einen Entwurf.

Wichtig: Die meisten Firmen begrüßen das und fühlen sich durch diese Mitarbeit entlastet.

Gehen Sie systematisch an die Sache heran, wie Sie es von Ihrer Arbeit als Führungskraft gewohnt sind.

1. Schritt: Selbsteinschätzung

Mit Hilfe des Formulars „Notizen für Zeugnisentwurf" können Sie einen Soll-Ist-Vergleich anstellen: Die Anforderungen an den Stelleninhaber werden den tatsächlichen Fähigkeiten und Leistungen gegenübergestellt.

Achtung: Sie müssen sich u. a. darüber Klarheit verschaffen, was Ihre Stärken sind und wie Sie diese Fähigkeiten zum Nutzen der Firma eingesetzt haben. Welche Probleme haben Sie gelöst und welche Erfolge zu verzeichnen?

2. Schritt: Textbausteine

Sie suchen sich die passenden Textbausteine heraus, verändern oder ergänzen sie mit individuellen Formulierungen und setzen sich ein Zeugnis zusammen. Denken Sie daran, dass das Aneinanderreihen von Textbausteinen noch kein individuelles und lesbares Zeugnis ergibt. Erstellen Sie einen Zeugnisentwurf, der Ihre Führungsqualitäten und Ihre Managementfähigkeiten präzise beschreibt. Formulieren Sie, dass Sie als Führungskraft effektiv gearbeitet haben, Ihre Stärken richtig eingesetzt und erfolgreich waren.

Wichtig: Ein Zeugnis für eine Führungskraft muss auch ein paar Sätze darüber enthalten, worin Ihr Beitrag zum Ganzen bestand, wie Sie zum Erfolg des Unternehmens beigetragen haben: Verkaufsmengen erhöht, Erlöse gesteigert, Qualität verbessert, Arbeitsabläufe neu organisiert.

3. Schritt: „Entwurf abgeben"

Bitten Sie Ihren unmittelbaren Vorgesetzten um ein kurzes Gespräch, vor allem dann, wenn Sie unaufgefordert einen Zeugnisentwurf einreichen wollen.

Wichtig: Achten Sie vor der Abgabe darauf, dass Ihr Zeugnisentwurf auch als solcher gekennzeichnet ist: Nicht in der Überschrift „Zeugnis" schreiben, sondern immer „Zeugnisentwurf".

Wichtig: Damit bringen Sie zum Ausdruck, dass Sie noch kein fertiges Zeugnis abgeben, sondern ein vorläufiges, und nicht endgültig festgelegt sind. Sie wollen die Botschaft vermitteln: Das ist meine subjektive Sicht der Dinge, und signalisieren damit Ihre Gesprächsbereitschaft.

Das Gespräch mit Ihrem Chef könnte dann so beginnen: Ich habe mir ein paar Gedanken zu meinem Arbeitszeugnis gemacht und sie aufgeschrieben. Ich habe die Aufgaben aufgelistet, die wichtigsten Seminare erwähnt, die ich besucht habe, und aufgeschrieben, welche PC-Kenntnisse ich habe und wie gut meine Fremdsprachenkenntnisse sind. Außerdem habe ich erwähnt, was ich neben meiner Routinearbeit gemacht habe: Workshops veranstaltet, Projekt geleitet. Na ja, Sie wissen das auch. Ich möchte nur, dass nichts vergessen wird. Der Einfachheit halber habe ich einen Entwurf formuliert und mitgebracht.

Zeugnisentwurf

Notizen für Zeugnisentwurf

Vorname:	Name:		
Geboren am:			
Beschäftigt:	von	bis	als ....
	von	bis	als ....

Anforderung an den Stelleninhaber	Ist
Berufliche Qualifikation	
■ Ausbildung/Studium	....
■ Fachkenntnisse	....
■ Sprachkenntnisse (Grund kenntnisse, gut, sehr gut, fließend, verhandlungssicher)	....
■ EDV- und PC-Kenntnisse	....
■ Berufserfahrung	....
■ Weiterbildung, Seminare besucht	....
Führungsqualitäten/Managementfähigkeiten	
■ Kommunikative Fähigkeiten	....
■ Soziale Fähigkeiten	....
■ Planen, organisieren, Ziele vereinbaren, kontrollieren	....
■ Entscheidungsfähigkeit	....
■ Durchsetzungsfähigkeit	....

Aufgaben, Verantwortung, Befugnisse	(in Stichworten)
....	....
....	....
....	....
....	....
....	....
....	....
....	....
....	....
....	....
....	....
....	....

Stärken (tätigkeitsbezogen)	**Persönlichkeitsmerkmale** (z. B. loyal, glaubwürdig, offen, optimistisch)
....	....
....	....
....	....
....	....
....	....
....	....
....	....

Arbeitsleistung

Stichworte:

- Arbeitseinsatz ....
- Arbeitsweise ....
- Arbeitsergebnisse ....
- Ziele erreicht? Welche? ....
- Ideen, Konzepte, Umsetzung ....
- Projektarbeit ....
- Kosten gesenkt (%) ....
- Umsatz erhöht (%) ....
- Produktivität gesteigert ....
- Reklamationen reduziert ....
- Krankenquote gesenkt (%) ....

Beitrag zum Unternehmenserfolg

....

....

....

....

....

....

....

Sozialverhalten

Gegenüber Vorgesetzten, Kollegen, ...

Mitarbeitern, Kunden ....

(Vertrauensverhältnis, gute zwischen- ....

menschliche Beziehungen etc.) ....

....

....

....

....

Grund des Ausscheidens

☐ Bei Eigenkündigung und Aufhebungsvertrag:

Herr/Frau .... verlässt das Unternehmen auf eigenen Wunsch. Wir bedauern sein/ihr Ausscheiden.

☐ Bei betriebsbedingten Gründen:

Das Arbeitsverhältnis wurde aus betriebsbedingten Gründen beendet wegen

....

....

....

....

....

Rechtliche Aspekte, die Sie beachten sollten

6

Wer hat Anspruch?

Der Zeugnisanspruch ergibt sich aus dem Gesetz (BGB, HGB, GewO usw.) und aus den Tarifverträgen. Im BGB ist der Anspruch so formuliert:

§ 630 (Pflicht zur Zeugniserteilung)

Bei der Beendigung eines dauernden Dienstverhältnisses kann der Verpflichtete von dem anderen Teile ein schriftliches Zeugnis über das Dienstverhältnis und dessen Dauer fordern. Das Zeugnis ist auf Verlangen auf die Leistungen und die Führung im Dienste zu erstrecken.

Einen Anspruch auf ein Arbeitszeugnis, auf ein einfaches oder qualifiziertes, haben nur abhängig Beschäftigte, freie Mitarbeiter und freie Handelsvertreter nach § 84 HGB nicht. Das BGB meint „Endzeugnisse". Arbeitnehmer haben bei bestimmten Anlässen auch einen Anspruch auf ein „Zwischenzeugnis" (siehe weiter unten).

Wichtig: Der Mitarbeiter muss das Zeugnis ausdrücklich verlangen. Wer ein Zeugnis haben will, muss dies seinem Arbeitgeber mitteilen.

Anspruch haben gewerbliche Mitarbeiter, Angestellte (auch leitende Angestellte nach § 5 Abs. 3 Betriebsverfassungsgesetz), angestellte Geschäftsführer, Teilzeitkräfte, Aushilfen, Beschäftigte mit befristeten Arbeitsverträgen, Praktikanten und Zivildienstleistende. Auszubildende haben einen Anspruch nach § 8 Abs. 1 Berufsbildungsgesetz. Ein einfaches Ausbildungszeugnis muss auch dann ausgestellt werden, wenn es nicht verlangt wird. Es muss vom Ausbilder unterschrieben sein.

Zeugnisanspruch in Österreich

Der Zeugnisanspruch in Österreich ergibt sich aus dem Allgemeinen Bürgerlichen Gesetzbuch (ABGB). Im § 1163 Abs. 1 heißt es:

Bei Beendigung des Dienstverhältnisses ist dem Dienstnehmer auf sein Verlangen ein schriftliches Zeugnis über die Dauer und Art der Dienstleistung auszustellen. Verlangt der Dienstnehmer während der Dauer des Dienstverhältnisses ein Zeugnis, so ist ihm ein solches auf seine Kosten auszustellen. Eintragungen und Anmerkungen im Zeugnis, durch die dem Dienstnehmer die Erlangung einer neuen Stellung erschwert wird, sind unzulässig.

Für Führungskräfte leitet sich der Anspruch auch aus § 39 Angestelltengesetz (AngG) her, der fast gleich lautend mit § 1163 ABGB ist.

Im Gegensatz zur gesetzlichen Regelung in Deutschland haben die Arbeitnehmer nur Anspruch auf ein einfaches Zeugnis.

Wichtig: Allen Fach- und Führungskräften kann man deshalb nur dringend raten, im Arbeitsvertrag den Anspruch auf ein qualifiziertes Zeugnis zu vereinbaren:

> Die Vertragsparteien vereinbaren, dass dem Mitarbeiter bei seinem Austritt ein qualifiziertes Zeugnis erteilt wird, das auf Führung und Leistung erweitert wird analog dem Anspruch in Deutschland nach § 630 BGB.

Die Begründung für einen solchen Passus im Arbeitsvertrag ist einleuchtend: Wer sich in Deutschland um eine Führungsposition bewirbt, braucht ein qualifiziertes Zeugnis. Das erhöht seine Chancen bei der Bewerbung.

Zeugnisanspruch in der Schweiz

In der Schweiz ist es wie in Deutschland. Es besteht ein gesetzlicher Anspruch auf ein qualifiziertes Zeugnis, bei dem auch die Leistung und das Sozialverhalten beurteilt wird.

Der Anspruch steht im Artikel 330a Schweizerisches Obligationenrecht (OR):

> Der Arbeitnehmer kann jederzeit vom Arbeitgeber ein Zeugnis verlangen, das sich über die Art und Dauer des Arbeitsverhältnisses sowie über seine Leistungen und sein Verhalten ausspricht.
>
> Auf besonderes Verlangen des Arbeitnehmers hat sich das Zeugnis auf Angaben über die Art und die Dauer des Arbeitsverhältnisses zu beschränken.

Einfaches oder qualifiziertes Zeugnis?

Ein Arbeitnehmer muss ein Zeugnis ausdrücklich verlangen. Er kann wählen zwischen einem einfachen und qualifizierten Zeugnis.

Ein einfaches Zeugnis hat eher den Charakter einer Bescheinigung:

Einfaches Zeugnis

Herr Hans Meister, geboren am 11.11.1969, ist seit 01.07.1999 als Bote und Fahrer bei uns beschäftigt.

Seine Aufgaben sind im Wesentlichen das Verteilen der Post und Kurier- und Botendienste mit dem PKW.

Herr Meister verlässt heute das Unternehmen auf eigenen Wunsch. Wir danken ihm für seine Mitarbeit und wünschen ihm für seine Zukunft alles Gute.

Kiel, den ...

Unterschrift
Leiter der Personalabteilung

Hätte Hans Meister ein qualifiziertes Zeugnis verlangt, müsste das Zeugnis auf Führung und Leistung erweitert werden. Unter Führung verstehen wir das Sozialverhalten, mit Leistung ist nicht nur die Arbeitsleistung und das Arbeitsergebnis gemeint, sondern auch die Eignung, die fachliche und soziale Kompetenz.

Achtung: Bei Führungskräften sind auch die Managementfähigkeiten und die Führungsleistung zu beurteilen.

Fälligkeit

Das Arbeitszeugnis ist am letzten Tag der Beschäftigung fällig. Ein Arbeitnehmer kann aber schon beim Zugang der Kündigung oder bei Eigenkündigung ein vorläufiges Zeugnis verlangen. Wird ein Aufhebungsvertrag geschlossen, entsteht der Anspruch bei Vertragsabschluss, bei befristeten Arbeitsverträgen vor Ablauf der Befristung, mit Beginn der Kündigungsfrist.

Zwischenzeugnis

Wenn das Arbeitsverhältnis nicht beendet ist, aber ein triftiger Grund vorliegt, kann der Mitarbeiter ein Zwischenzeugnis verlangen:

- Versetzung
- Wechsel des Vorgesetzten
- Fortbildung
- Beförderung
- Einberufung zum Wehr- oder Zivildienst
- Freistellung als Betriebsrat
- Erziehungsurlaub
- Betriebsübergang nach § 613a BGB
- Höhergruppierung

Das sind die Gründe, die von der Rechtsprechung anerkannt sind (Schaub: Arbeitsrechtshandbuch, § 146, Seite 994). Das Bundesarbeitsgericht hat formuliert, was triftige Gründe sind (BAG 21.01.1993, Betriebsberater 1993, S. 2309). Eine gesetzliche Regelung besteht nicht. Häufig gibt es einen tarifvertraglichen Anspruch.

Ein Arbeitnehmer kann nicht verlangen, dass die Formulierungen des Zwischenzeugnisses in das Endzeugnis übernommen werden, auch dann nicht, wenn sich in der Zwischenzeit nichts Wesentliches am Zeugnisinhalt verändert hat. Das ergibt sich aus der Formulierungsfreiheit des Arbeitgebers (Landesarbeitsgericht Düsseldorf, 02.07.1976, BB 1976, S. 1562).

Funktion und Bedeutung

Das Arbeitszeugnis ist für das „Fortkommen des Arbeitnehmers von entscheidender Bedeutung", meint das Bundesarbeitsgericht, es sei seine „Visitenkarte" (BAG 16.09.1974 – AP Nr. 9 zu § 630 BGB). Gleichzeitig erfülle das Zeugnis eine wichtige Rolle bei der Vorauswahl als „Unterlage für die Entscheidung des Arbeitgebers" bei der Personalsuche (BAG 03.03.1993 – AP Nr. 20 zu § 630 BGB).

Rechtsgrundsätze

Wahrheitspflicht

Ein Arbeitszeugnis muss wahr sein und alle wesentlichen Tatsachen enthalten, die für eine Gesamtbeurteilung von Bedeutung sind und an denen ein künftiger Arbeitgeber ein „berechtigtes, billigenswertes und schutzwürdiges Interesse“ haben könnte. Dabei ist der Arbeitgeber nicht zur schonungslosen Offenbarung aller ungünstigen Vorkommnisse verpflichtet.

Achtung: Negative Beurteilungen sind nur dann zulässig, wenn sie für die gesamte Dauer der Beschäftigung charakteristisch waren.

Für die Richtigkeit muss der Zeugnisaussteller geradestehen. Stellt sich später heraus, dass Zeugnisaussagen falsch sind, muss der Aussteller das Zeugnis zurückfordern und berichtigen. Das muss er aber nur dann tun, wenn es sich um eine „Kernaussage“ handelt, wie etwa dann, wenn sich nach dem Ausscheiden herausstellt, dass der Mitarbeiter die Firma betrogen hat und im Arbeitszeugnis „Ehrlichkeit“ bescheinigt worden ist.

Im Zweifel geht Wahrheit vor Wohlwollen (BAG 23.06.1960 – 5 AZ 560/58).

Wichtig: Verdachtsmomente dürfen nicht in das Zeugnis aufgenommen werden, auch dann nicht, wenn der Verdacht so schwer gewesen ist, dass er ein wichtiger Grund für die Kündigung war. Erhebliche Tatsachen dagegen sind in das Zeugnis aufzunehmen, wie anhängige Straf- oder Ermittlungsverfahren (BAG 05.08.1976 – AP Nr. 10 zu § 630 BGB).

Wohlwollen

Das Zeugnis muss wohlwollend formuliert sein und darf das berufliche Fortkommen nicht ungerechtfertigt erschweren (BGH 26.11.1963, DB 1964, S. 517). Beim Wohlwollen ist der Maßstab eines verständigen Arbeitgebers anzulegen.

Im Übrigen ergibt sich das verständige Wohlwollen auch aus der Fürsorgepflicht des Arbeitgebers.

Vollständigkeit

Vollständig heißt: Das Zeugnis darf keine Lücken enthalten. Es müssen alle für die Beurteilung der Leistung und der Führung wichtigen Dinge erwähnt werden. Der Zeugnisaussteller darf nichts auslassen, was der Zeugnisleser üblicherweise erwartet. So darf bei einer ehrlichen Kassiererin nicht der Hinweis fehlen, dass sie ehrlich ist, bei einem guten Einkäufer, dass er Verhandlungsgeschick besitzt, und bei einer Führungskraft, dass er oder sie als Vorgesetzte(r) anerkannt ist.

Individualität

Der Arbeitgeber ist verpflichtet, Leistung und Führung individuell zu formulieren. Er darf keine schablonenhaften Formulierungen benutzen. Er muss vielmehr auf die unverwechselbaren Besonderheiten des Arbeitnehmers eingehen, nämlich darauf, was diesen Arbeitnehmer von anderen unterscheidet.

Rechtliche Anforderungen an Form und Inhalt

Form

Ein Arbeitgeber ist nicht verpflichtet, ein Arbeitszeugnis in einer ganz bestimmten Form zu erstellen. Ein Arbeitnehmer kann verlangen, dass sein Arbeitszeugnis auf einem Geschäftsbogen geschrieben wird, ordentlich und sauber, im Format DIN A4, und zwar mit Schreibmaschine oder PC und nicht mit der Hand. Bei Rechtschreib- und Grammatikfehlern kann er eine Berichtigung verlangen (BAG, 5 AZR 182/92).

Formulierungsfreiheit/Beurteilungsspielraum

Der Zeugnisaussteller ist frei bei der Wortwahl und Satzstellung. Bei der Beschreibung der Tätigkeit sind ihm enge Grenzen gesetzt. Bei der Bewertung von Führung und Leistung dagegen hat er einen beträchtlichen Beurteilungsspielraum (BAG AP zu § 630 BGB). Er kann frei entscheiden, welche positiven und negativen Eigenschaften und Fähigkeiten er mehr hervorheben will als andere. Maßstab ist der durchschnittlich befähigte und vergleichbare Arbeitnehmer seines Betriebes (BAG 17.02.1988 – AP Nr. 17 zu § 630 BGB).

Ein Arbeitgeber ist auch frei in seiner Entscheidung, ob er den so genannten Zeugniscode (= hat stets zu unserer vollsten Zufriedenheit gearbeitet) verwendet oder eine nichtcodierte Formulierung, wie etwa: Er erzielt sehr gute Ergebnisse. Das Bundesarbeitsgericht hat aus „Gründen der Rechtssicherheit" die Formulierungen des Zeugniscodes akzeptiert, obwohl sie wohlwollender klingen, als sie gemeint sind (BAG 23.09.1992 – 5 AZR 573/91).

Wichtig: Das Zeugnis ist in deutscher Sprache zu schreiben. Auch in internationalen Unternehmen hat ein Mitarbeiter keinen Anspruch darauf, dass sein Zeugnis beispielsweise in englischer Sprache ausgestellt wird.

Ein Arbeitnehmer hat keinen Anspruch auf eine bestimmte Formulierung. Er kann nicht verlangen, dass die sprachlich verunglückte Formulierung „vollste Zufriedenheit" in „gute Leistungen" geändert wird und umgekehrt (BAG 29.07.1971 – AP Nr. 6 zu § 630 BGB).

Unterbrechungen

Kurze Unterbrechungen durch Krankheit, Urlaub und Arbeitskampf werden nicht ins Arbeitszeugnis aufgenommen. Längere Unterbrechungen wie Erziehungsurlaub, Wehr- und Zivildienst sind zu erwähnen (Schlessmann, BB 1988, 1320).

Unterschrift

Neben dem Ausstellungsdatum muss der Arbeitgeber das Zeugnis unterschreiben oder ein Bevollmächtigter. Die Vertretungsmacht muss erkennbar sein (z. B. ppa = per Prokura). Außerdem muss das Zeugnis von einem Ranghöheren unterschrieben sein.

Verlust oder Beschädigung

Der Arbeitgeber ist verpflichtet, ein neues Zeugnis auszustellen, wenn das alte beschädigt oder verloren gegangen ist, sofern dies keine größeren Schwierigkeiten macht. Es spielt dabei keine Rolle, ob der Zeugnisempfänger das zu vertreten hat. Man spricht hier von der vertraglichen Nebenpflicht des Arbeitgebers (LAG Hamm 15.07.1986 – LAGE § 630 BGB Nr. 5).

Grund des Ausscheidens

Grund und Art des Austritts dürfen ohne das Einverständnis oder gegen den Willen des Zeugnisempfängers aus dem Zeugnis nicht ersichtlich sein (LAG Düsseldorf 22.08.1988 – LAGE § 630 BGB, Nr. 4). Auch die Formulierung „Das Arbeitsverhältnis wurde im gegenseitigen Einverständnis aufgelöst" darf der Arbeitgeber nur dann in das Zeugnis hineinschreiben, wenn der Mitarbeiter damit einverstanden ist.

Wichtig: Ein Hinweis auf einen Prozessvergleich ist unzulässig. Ein Auflösungsantrag nach § 9 Abs. 1 Kündigungsschutzgesetz darf nicht im Zeugnis erscheinen (LAG Köln 29.11.1990 – LAGE § 60 BGB Nr. 11).

Bei einer fristlosen Kündigung seitens des Arbeitgebers darf nicht im Zeugnis stehen: „Das Arbeitsverhältnis endete durch fristlose arbeitgeberseitige Kündigung."

Zulässig wäre die Formulierung „Das Arbeitsverhältnis endet

am ..."(LAG Düsseldorf 01.10.1987, 9CA 2774/87).

Schlusssatz

Das Landesarbeitsgericht Berlin hat festgestellt, dass der Schlusssatz, der Bedauern, Dank und Zukunftswünsche enthalten kann, kein rechtlich notwendiger Bestandteil des Arbeitszeugnisses ist (Urteil 10.12.1998 – 10SA 106/98).

Wird eine Schlussformel benutzt, darf sie nicht im Widerspruch zum Zeugnisinhalt stehen und diesen nicht relativieren (LAG Hamm 12.07.1994 – LAGE Nr. 26 zu § 630 BGB).

Enthält das Zeugnis gute und hervorragende Beurteilungen, ist der Arbeitgeber verpflichtet, eine Formulierung zu verwenden, die dem Zeugnisinhalt angepasst ist, wie: „Wir danken Herrn X für die gute Zusammenarbeit und wünschen ihm für die Zukunft alles Gute und viel Erfolg" (Hessisches Landesarbeitsgericht: Urteil vom 17.06.1999 – 14Sa 1157/98).

Kündigung wegen Schlechtleistung

Der Zeugnisaussteller muss für den Zeugnisinhalt geradestehen. Man kann einem Arbeitnehmer nicht hervorragende Leistungen im Arbeitszeugnis bescheinigen, aber sich im Kündigungsschutzprozess auf Schlechtleistungen berufen, ohne dass sich der Sachverhalt geändert hat (LAG Bremen, BB 84, 473).

Beurteilung bei langjähriger Beschäftigung

Eine Tätigkeit, die durchgehend ohne jede Beanstandung geblieben sei, hebe sich aus dem Durchschnitt heraus und verdiene eine Heraushebung durch die Formulierung „stets zu unserer vollen Zufriedenheit", urteilte das Landesarbeitsgericht Düsseldorf (DB 80, 546). Anders ausgedrückt: Wer zehn Jahre oder länger im Unternehmen gearbeitet hat, ohne dass es zu Abmahnungen gekommen ist, hat Anspruch auf ein gutes oder sehr gutes Zeugnis.

Die Formulierung, jemand habe „die ihm übertragenen Aufgaben mit großem Fleiß und Interesse durchgeführt", sei eine Erklärung, dass der Arbeitnehmer sich bemüht habe, aber im Ergebnis nichts geleistet oder nur schlechte Leistungen erbracht habe. Eine solche Beurteilung, so auch das Bundesarbeitsgericht, stehe im Widerspruch zu einer jahrelangen Beschäftigung (AP 12 zu § 630 BGB).

Fehlzeiten

Krankheitsbedingte Fehlzeiten, die zur Auflösung des Arbeitsverhältnisses geführt haben, dürfen nur dann im Arbeitszeugnis erwähnt werden, wenn sie mehr als die Hälfte der gesamten Beschäftigungszeit ausmachten (Landesarbeitsgericht Chemnitz, 5 Sa 996/95).

Geknicktes Arbeitszeugnis

Ein Zeugnisaussteller darf das Zeugnis zweimal falten und in einen üblichen Briefumschlag stecken. Voraussetzung ist, dass das Originalzeugnis kopierfähig ist und die Knicke im Zeugnisbogen sich nicht auf den Kopien abzeichnen, z. B. durch Schwärzungen (Bundesarbeitsgericht, Urteil vom 21.09.1999 – 9 AZR 893/98).

Aufgabenbeschreibung

Ein Zeugnis muss die Tätigkeiten so vollständig und genau wiedergeben, dass sich künftige Arbeitgeber ein klares Bild machen können. Unwesentliches darf der Zeugnisaussteller weglassen, nicht aber Aufgaben, die etwas mit den Kenntnissen und Leistungen des Arbeitnehmers zu tun haben. Der Zeugnisaussteller muss aber Tätigkeiten nicht erwähnen, die für eine Bewerbung keine Bedeutung haben (BAG, Urteil vom 12.08.1976 – 3 AZR 720/75). Eine Aufgabenbeschreibung in Stichworten ist zulässig.

Beschreibt ein Zeugnisaussteller sehr ausführlich die Tätigkeiten, dann muss er sich in entsprechender Breite auch zu den Leistungen äußern, weil sonst der Eindruck entsteht, der Arbeitgeber habe sich bemüht, aber im Ergebnis nichts geleistet (BAG 24.03.1977 – AP Nr. 12 zu § 630 BGB).

Mitbestimmung des Betriebsrats

Ein Arbeitszeugnis ist eine Beurteilung. Nach § 94 Abs. 2 Betriebsverfassungsgesetz hat der Betriebsrat ein Mitbestimmungsrecht bei den Beurteilungsgrundsätzen. Dieses Mitbestimmungsrecht bezieht sich aber nicht auf die Beurteilung im Einzelfall (Schaub, Arbeitsrechtshandbuch § 234).

Was nicht im Zeugnis stehen darf

Im Arbeitszeugnis darf nicht stehen:

- Außerdienstliches Verhalten, Vorkommnisse aus dem Privatleben
- Betriebsratstätigkeit

Die Mitgliedschaft im Betriebsrat, die Entsendung in den Aufsichtsrat oder die Funktion als Vertrauensmann der Schwerbehinderten dürfen in einem Zeugnis nicht erwähnt werden, erst recht nicht die Tätigkeit als Vertrauensmann der Gewerkschaft. Das sind Funktionen, die nicht unter das Direktionsrecht des Arbeitgebers fallen. Dies ergibt sich aus dem Benachteiligungsverbot des § 78 BetrVG, es sei denn, der Arbeitnehmer wünscht es. Wenn ein Mitglied des Betriebsrats über einen längeren Zeitraum freigestellt wurde und durch diese Freistellung von seiner bisherigen Tätigkeit völlig „entfremdet ist" (LAG Frankfurt, BB 1976, S. 978), gilt das Gleiche. Das Arbeitsverhältnis sei sonst bei längerer Freistellung nicht darstellbar. Längere Freistellung bedeutet: länger als ein Jahr.

Außerdem müssen folgende Dinge unerwähnt bleiben:

- Schwangerschaft, Mutterschutz
- Gewerkschaftszugehörigkeit
- Parteimitgliedschaft
- Nebentätigkeit
- Schwerbehinderteneigenschaft
- Gesundheitszustand
- Straftaten, wenn sie nicht unmittelbar das Arbeitsverhältnis berühren
- Verdacht auf strafbare Handlungen
- Streik und Aussperrung
- Wettbewerbsverbote

Holschuld

Mit dem Arbeitszeugnis ist es wie mit den anderen Arbeitspapieren: Der Arbeitgeber muss sie zur Abholung bereithalten. Der Arbeitnehmer ist verpflichtet, sein Arbeitszeugnis abzuholen (BAG, EBE/BAG 1195, S. 10). Aus Gründen der nachwirkenden Fürsorgepflicht kann der Arbeitgeber nach Treu und Glauben jedoch ausnahmsweise verpflichtet sein, das Arbeitszeugnis zu schicken, wenn die Abholung des Zeugnisses mit unverhältnismäßig hohen Kosten oder besonderen Mühen verbunden ist (LAG Frankfurt, DB 1984, S. 2200).

Eine Verpflichtung des Arbeitsgebers zur Übersendung des Zeugnisses besteht dann, wenn der Arbeitnehmer das Zeugnis rechtzeitig verlangt hat und es bis zur Beendigung nicht zur Abholung fertig ist.

Verständige Arbeitgeber sind jedoch bereit, die Arbeitspapiere und das beim Ausscheiden fällige Zeugnis dem Mitarbeiter mit der Post nach Hause zu schicken, wenn der Mitarbeiter am Tag der Beendigung des Arbeitsverhältnisses nicht mehr in der Firma ist, weil er zum Beispiel seinen Resturlaub genommen hat.

Ausstellungsdatum

Eine Vor- oder Rückdatierung ist nicht zulässig, was aber nicht heißt, dass das Ausstellungsdatum und der Tag der Beendigung identisch sein müssen. Diese zwei Fälle belegen das:

Beispiel:

- Hubert Kranz kündigt das Arbeitsverhältnis am 15.05. fristgerecht zum 30.06. Eine Woche nach seinem Ausscheiden fällt ihm auf, dass er es versäumt hat, ein qualifiziertes Arbeitszeugnis zu verlangen. Er holt das nach und bekommt prompt am 15.07. das gewünschte Zeugnis mit dem Ausstellungsdatum 14.07.

  Das ist korrekt, weil Ralf Krause das Zeugnis erst nach seinem Ausscheiden verlangt hat und die Firma es deshalb nicht zum 30.06. ausstellen konnte.

- Hans Kolbe scheidet am 30.09. aus. Das verlangte Arbeitszeugnis enthält als Ausstellungsdatum den 30.09., was nicht zu beanstanden ist. Drei Wochen später stellt K. fest, dass das Zeugnis einen wesentlichen Fehler enthält. Der Vorname ist falsch: Im Zeugnis steht: Heinz, nicht Hans. Er verlangt ein neues Zeugnis.

  Am 29.10. erhält K. ein neues Zeugnis mit richtigem Vornamen. Als Ausstellungsdatum ist der 28.10. angegeben.

  Das ist falsch. Nach einem Urteil des Bundesarbeitsgerichts vom 09.09.1992 (AZR 509/91) ist in einem solchen Fall als Ausstellungsdatum der Tag des Ausscheidens einzusetzen, weil der Arbeitgeber den Fehler zu verantworten hat.

Verjährung/Verwirkung

Nach § 195 BGB beträgt die Verjährungsfrist für Arbeitszeugnisse 30 Jahre. Sie tritt vorher ein, wenn der Anspruch verwirkt oder die Erfüllung unmöglich geworden ist. Das wird immer dann zutreffen, wenn der Arbeitgeber nicht mehr in der Lage ist, ein wahrheitsgemäßes Zeugnis auszustellen.

Was bedeutet Verwirkung? Der Gläubiger (hier der Arbeitnehmer und Zeugnisempfänger) übt sein Recht auf ein Arbeitszeugnis über längere Zeit nicht aus. Anders ausgedrückt: Er hat kein Zeugnis verlangt, auch nicht nach seinem Ausscheiden. Dadurch nährt er die Vermutung, dass er seinen Rechtsanspruch nicht mehr geltend machen wird und dem Schuldner (hier: Arbeitgeber und Zeugnisaussteller) die Erfüllung nach Treu und Glauben nicht mehr zumutbar ist. Der Arbeitgeber hat dabei die Umstände des Einzelfalls zu berücksichtigen.

Der Fall Michael L.

Michael L. hat zehn Jahre als Ingenieur in der Firma T. gearbeitet und dann das Arbeitsverhältnis fristgerecht gekündigt, um sich selbstständig zu machen. Er war dermaßen begeistert von seiner Erfindung und der Vermarktung seiner Idee, dass er bei seinem Ausscheiden an ein qualifiziertes Arbeitszeugnis nicht mehr gedacht hat. Er brauchte das Zeugnis auch nicht, weil er sich nicht bewerben wollte.

Nach zwei Jahren gibt L. seine Selbstständigkeit auf, um wieder als Angestellter zu arbeiten. Jetzt erst bemerkt er das Fehlen des letzten Arbeitszeugnisses. Er schreibt an die Firma und bittet um ein qualifiziertes Zeugnis. Das Unternehmen teilt zu ihrem Bedauern mit, dass die Firma bereits vor einem Jahr an einen norwegischen Konzern verkauft worden sei und der ehemalige Chef von L. das Unternehmen vor einem halben Jahr verlassen habe. Die Firma sehe sich deshalb außerstande, ihm das gewünschte Zeugnis auszustellen.

L. ist sauer und reicht Klage beim Arbeitsgericht ein. Er beantragt, die Firma zu verurteilen, ihm ein qualifiziertes Zeugnis für die zehn Jahre auszustellen, die er dort gearbeitet hat.

Hat die Klage Aussicht auf Erfolg? Prinzipiell ist der Ausgang eines Prozesses immer ungewiss. Gehen wir systematisch an die Sache heran.

Die erste Frage kann deshalb nur lauten: Hat L. überhaupt Anspruch auf ein qualifiziertes Arbeitszeugnis? Der Anspruch nach § 630 BGB oder nach § 113 GewO ist unbestritten.

Die zweite Frage wäre dann: Ist der Anspruch verjährt oder verwirkt? Der Anspruch auf Zeugniserteilung verjährt nach 30 Jahren. Verjährt ist der Anspruch ganz offensichtlich nicht. Es bleibt die Verwirkung. Wie jeder andere schuldrechtliche Anspruch könnte der Zeugnisanspruch des L. der Verwirkung unterliegen. Schaub (Arbeitsrechtshandbuch § 146 Nr. 5) schreibt dazu: Ein qualifiziertes Zeugnis kann dann nicht mehr verlangt werden, wenn der Arbeitgeber sich verständlicherweise nicht mehr an den Arbeitnehmer und seine Qualifikation erinnern kann. Ein einfaches Zeugnis kann dagegen so lange verlangt werden, wie die Unterlagen im normalen Geschäftsbetrieb aufbewahrt werden.

L. schöpft wieder Hoffnung. Zwar ist sein unmittelbarer Vorgesetzter nicht mehr im Unternehmen tätig, aber sein Stellvertreter.

Die Firma T. lässt sich vor dem Arbeitsgericht vom zuständigen Arbeitgeberverband vertreten. In der Klageerwiderung des Arbeitgeberverbandes heißt es u. a.:

„Nach einem Urteil des Bundesarbeitsgerichts (BB 1989, 978) ist der Anspruch dann verwirkt, wenn der Gläubiger (Anspruchsinhaber) sein Recht über längere Zeit nicht in Anspruch nimmt und deshalb gegenüber dem Anspruchsgegner den Eindruck erweckt, den Anspruch nicht mehr geltend zu machen. Der Zeugnisanspruch des Klägers ist beim Ausscheiden entstanden. Der Kläger macht erst nach zwei Jahren den Anspruch geltend. Nach der Rechtsprechung des Bundesarbeitsgerichts (17.02.1988 – AP Nr. 18 zu § 630 BGB) kann das Zeitmoment der Verwirkung bereits nach zehn Monaten eintreten ...

Der Ingenieur L. wird diesen Prozess verlieren. Er wird sich wohl oder übel mit einem einfachen Zeugnis begnügen müssen.

Betriebsübergang/Insolvenz

Bei Betriebsübergang (Firma wird verkauft) nach § 613a BGB gehen die Rechte und Pflichten aus dem Arbeitsverhältnis vom alten auf den neuen Eigentümer über. Das gilt auch für die Verpflichtung des Arbeitgebers, ausscheidenden Mitarbeitern auf Verlangen ein Arbeitszeugnis auszustellen.

Wichtig: Den Zeitpunkt des Betriebsübergangs kann der Arbeitnehmer zum Anlass nehmen, ein Zwischenzeugnis vom alten Eigentümer zu verlangen.

Insolvenz

Ein Insolvenzverfahren beendet nicht automatisch das Arbeitsverhältnis. Daraus ergibt sich, dass auch der Zeugnisanspruch weiter besteht. Wird das Arbeitsverhältnis nach Eröffnung des Insolvenzverfahrens fortgesetzt, hat der Arbeitnehmer Anspruch auf zwei Zeugnisse. Das erste hat die Firma (Gemeinschuldner) bis zur Insolvenzeröffnung, das zweite der Insolvenzverwalter für die Zeit von der Insolvenzeröffnung bis zum tatsächlichen Ausscheiden zu erteilen.

Schadenersatzanspruch

Was im Zeugnis steht, muss „wahr" sein. Dafür muss der Arbeitgeber geradestehen. Macht er wissentlich unwahre Angaben im Arbeitszeugnis, ist er schadenersatzpflichtig.

Beispiel:

Das Bankhaus M. bescheinigt dem Kassierer Z. bei seinem Ausscheiden „Ehrlichkeit" im Arbeitszeugnis. Z. hat keine Schwierigkeiten, eine neue Stelle als Kassierer zu finden. Bei seinem neuen Arbeitgeber, der Kredit-Bank AG, unterschlägt Z. eine sechsstellige Summe. Es handelt sich exakt um den Betrag, den er beim Bankhaus M. unterschlagen hatte. Z. überwies diese Summe prompt auf das Konto des Bankhauses M.

Als die Kreditbank AG davon erfährt – inzwischen wurde Z. fristlos aus wichtigem Grund nach § 626 BGB entlassen –, macht sie gegenüber dem Bankhaus M. Anspruch auf Schadenersatz nach § 826 BGB geltend. Ist das Bankhaus M. schadenersatzpflichtig?

Ja, man hat ihm trotz Unterschlagung Ehrlichkeit im Arbeitszeugnis bescheinigt.

Das Bankhaus M. muss der Kreditbank AG den Schaden ersetzen, denn die Kreditbank als neuer Arbeitgeber von Z. musste auf die Angaben im Arbeitszeugnis vertrauen. Ehrlichkeit ist bei einem Kassierer eine wesentliche Eigenschaft, die erwartet wird.

Haftung gegenüber Arbeitnehmer

Ein Arbeitnehmer hat gegenüber dem Arbeitgeber einen Schadenersatzanspruch, wenn er trotz Anforderung das Zeugnis nicht oder verspätet bekommt, aber auch dann, wenn das Zeugnis fehlerhaft ist. Voraussetzung ist immer, dass ein Verschulden vorliegt, also Vorsatz oder Fahrlässigkeit. Vorsätzlich bedeutet „mit Absicht" und „fahrlässig handelt, wer die im Verkehr erforderliche Sorgfalt außer Acht lässt" (§ 276 BGB). Gemeint ist damit: unaufmerksam, unachtsam, schlampig. Eine Firma haftet für das Verschulden ihrer Beschäftigten. Das gilt auch für Verzugsschäden (§ 286a BGB) und bei positiver Vertragsverletzung.

Welcher Schaden kann eintreten? Der Arbeitnehmer:

- Wird nicht eingestellt
- Wird verspätet eingestellt
- Findet nur eine Stelle mit geringem Verdienst

Die Ursache dafür muss sein, dass das Zeugnis nicht oder verspätet ausgestellt worden ist. Es muss ein ursächlicher Zusammenhang zwischen Nichtausstellung oder verspäteter Ausstellung und dem Misserfolg bei Bewerbungen bestehen. Dies muss der Arbeitnehmer vor Gericht beweisen, was schwierig sein dürfte. Bekanntlich gibt es viele Gründe, einen Bewerber abzulehnen. Es muss nicht immer an der mangelnden Qualifikation liegen. Häufig gibt es einfach zu viele Bewerber. Wer kann schon sagen, es habe am fehlenden Arbeitszeugnis gelegen, dass der Bewerber abgelehnt wurde.

Auskunft vom letzten Arbeitgeber

Ob ein künftiger Arbeitgeber das Recht hat, Auskünfte über die Person und die Qualifikation eines Bewerbers vom letzten Arbeitgeber einzuholen, ist gesetzlich nicht geregelt. Es kollidieren die Interessen des Arbeitnehmers (Datenschutz, allgemeines Persönlichkeitsrecht, Grundrecht auf informationelle Selbstbestimmung) mit dem berechtigten Interesse des Arbeitgebers an der Information über die Person des Arbeitnehmers. Diese beiderseitigen Interessen sind gegeneinander abzuwägen (BAG 06.06.1984, BB 1984, S. 2130).

Ein Auskunftsersuchen ist nicht zulässig, wenn der Bewerber sich in einem ungekündigten Arbeitsverhältnis befindet. Hält sich der Arbeitgeber nicht daran, macht er sich schadenersatzpflichtig. Ist dem Arbeitnehmer gekündigt worden oder ist er arbeitslos, darf der potenzielle Arbeitgeber auch ohne ausdrückliche Zustimmung des Arbeitnehmers die Auskunft einholen.

Achtung: Verbietet der Bewerber ausdrücklich, eine Auskunft einzuholen, muss sich der Arbeitgeber nicht daran halten (BAG 06.06.1984).

Ein Verbot, eine Auskunft zu erteilen, besteht dann, wenn der Arbeitnehmer mit seinem bisherigen Arbeitgeber verbindlich vereinbart hat, dass über ihn keine Auskünfte erteilt werden. Die Frage ist nur: Wer kann das kontrollieren?

Aus Datenschutzgründen ist zu empfehlen, Auskünfte ohne ausdrückliche Zustimmung des Betroffenen abzulehnen. Die Haftung richtet sich nach den gleichen Grundsätzen wie bei der Zeugniserteilung.

Verfahren vor dem Arbeitsgericht

Die meisten Zeugnisprozesse sind vermeidbar. Es ist oft Dickköpfigkeit auf beiden Seiten und die Unfähigkeit, einen Konflikt fair zu lösen.

Weigert sich ein Arbeitgeber, ein Zeugnis auszustellen, zu ändern oder zu ergänzen, kann der Arbeitnehmer Klage beim Arbeitsgericht einreichen. Eine Kündigungsschutzklage reicht dafür nicht aus, es sei denn, der Kläger stellt in seiner Klage gleich einen entsprechenden Antrag und begründet ihn: Außerdem beantragt der Kläger, ihm ein qualifiziertes Arbeitszeugnis auszustellen.

Bei einer Kündigungsschutzklage ist der Arbeitnehmer an die Ausschlussfrist von drei Wochen nach Kündigungszugang gebunden, bei einer Zeugnisklage nicht.

Der Zeugnisanspruch kann nicht nur durch eine Klage, sondern auch mit einer einstweiligen Verfügung geltend gemacht werden.

Einstweilige Verfügung

Der Arbeitnehmer muss glaubhaft machen, dass er sich vergeblich um ein Zeugnis bemüht hat und das Zeugnis dringend benötigt, um „drohende wesentliche Nachteile abzuwenden", wie Juristen das ausdrücken. Die Anforderungen des Gerichts sind sehr hoch. Es reicht nicht aus, dem Gericht vorzutragen, dass der Antragsteller das Zeugnis für eine Bewerbung brauche. Ein glaubhafter Grund dürfte sein, wenn der künftige Arbeitgeber die Einstellung von der Vorlage des letzten Arbeitszeugnisses abhängig macht und dies dem Bewerber bestätigt.

Was ist beim Zeugnis gerichtlich überprüfbar?

Der Grundsatz lautet: Das Zeugnis muss wahr sein.

Wichtig: Diesem Grundsatz ist auch das Wohlwollen unterzuordnen. Was der Arbeitgeber ins Zeugnis hineinschreibt, muss objektiv nachprüfbar sein und sich auf Kriterien stützen, die nachvollziehbar sind. Verdächtigungen, Annahmen und Behauptungen haben in einem Arbeitszeugnis nichts verloren.

Der Arbeitgeber ist in der Formulierung des Zeugnisses frei. Das trifft auch auf die Beurteilung zu: Er arbeitet schnell und effizient. Der Arbeitgeber hat einen Beurteilungsspielraum.

Das Zeugnis darf nichts Falsches enthalten, und es darf nichts ausgelassen werden, was der Zeugnisleser erwarten darf, wie etwa das Verhandlungsgeschick bei einem Einkaufsleiter.

Das Zeugnis darf nicht willkürlich sein. Bei der Beurteilung dürfen auch keine überzogenen Maßstäbe angelegt werden. Das Zeugnis muss wesentliche Tatsachen und Bewertungen enthalten, die für die Gesamtbeurteilung maßgebend sind. Einmalige Begebenheiten oder Zufälle dürfen dann nicht im Zeugnis stehen, wenn sie für die Gesamtbeurteilung nicht wesentlich sind. Das gilt auch dann, wenn solche einmaligen, aber untypischen Dinge zur Beendigung des Arbeitsverhältnisses geführt haben.

Streitwert/Kosten

Der Streitwert wird vom Arbeitsgericht festgesetzt und beträgt meistens ein Bruttomonatsgehalt.

In der ersten Instanz trägt jede Partei die Kosten für die Prozessvertretung selbst. Einigt man sich in der Güteverhandlung, entstehen keine Gerichtskosten.

Zwangsvollstreckung

Wenn ein Urteil ergangen ist, wonach der Arbeitgeber ein Zeugnis auszustellen, zu ändern oder zu ergänzen hat, kann der Arbeitnehmer sofort die Zwangsvollstreckung betreiben, d. h., er kann einen Gerichtsvollzieher beauftragen.

Nun kann auch ein Gerichtsvollzieher einen Arbeitgeber nicht zwingen, sich an den PC zu setzen und ein Arbeitszeugnis zu schreiben. Verweigert der Arbeitgeber das Arbeitszeugnis, kann der Arbeitnehmer ein Zwangsgeld bis zu 50.000 DM beantragen (zugunsten der Staatskasse) und den Gerichtsvollzieher beauftragen, es beim Arbeitgeber einzutreiben. Ist der Arbeitgeber nicht zahlungsfähig, droht ihm Zwangshaft bis zu sechs Monaten (§ 913 ZPO).

144 Textbausteine ADIOS

7

Textbausteine ADIOS		
Baustein-Nr.	**Text**	**Bemerkungen** **A** = Anforderungen weit übertroffen **B** = Anforderungen übertroffen **C** = Anforderungen erfüllt
	Einleitung	
01	Frau xxx, geboren am ...., ist seit dem .... als .... bei uns beschäftigt.	
02	Frau xxx, geboren am ...., ist am .... als .... in unser Unternehmen eingetreten.	
03	Frau xxx, geboren am ...., war vom .... bis .... als .... bei uns beschäftigt.	
04	Frau xxx, geboren am ...., ist am .... als .... in unser Unternehmen eingetreten. Das Arbeitsverhältnis ist von Anfang an befristet bis	
05	**Offener Baustein** (zum Speichern): Beispiel: Wir sind ein Zeitarbeitsunternehmen	
	Betriebliche Ausbildung	
06	Frau xxx, geboren am ...., ist am .... in unser Unternehmen eingetreten.	

noch: Textbausteine ADIOS

Baustein-Nr.	Text	Bemerkungen **A** = Anforderungen weit übertroffen **B** = Anforderungen übertroffen **C** = Anforderungen erfüllt
	Sie hat in unserem Unternehmen eine Ausbildung als .... mit Erfolg abgeschlossen. Über diese Ausbildung liegt ein gesondertes Zeugnis vor. Wir haben Frau xxx als .... in ein unbefristetes Arbeitsverhältnis übernommen.	
07	Frau xxx, geboren am ...., ist am .... in unser Unternehmen eingetreten. Sie hat in unserem Unternehmen eine Ausbildung als .... mit Erfolg abgeschlossen. Über diese Ausbildung liegt ein gesondertes Zeugnis vor. Wir haben Frau xxx als .... in ein befristetes Arbeitsverhältnis übernommen.	
	Aufgaben/Verantwortung	
08	Ihre Aufgaben sind:	
09	Aufgaben/Verantwortung:	

noch: Textbausteine ADIOS

Baustein-Nr.	Text	Bemerkungen **A** = Anforderungen weit übertroffen **B** = Anforderungen übertroffen **C** = Anforderungen erfüllt
	Fachwissen/Fachkönnen/ Weiterbildung	
10	Frau xxx ist eine hervorragende Fachfrau, die auch schwierige Aufgaben souverän löst.	**A**
11	Frau xxx bewältigt mit ihrem exzellenten Fachwissen und ihrer langjährigen Berufserfahrung ihre Aufgaben und löst auch schwierige Probleme souverän.	**A**
12	Sie ist auf ihrem Gebiet eine fachliche Autorität und löst auch schwierige Aufgaben.	**A**
13	Ihr Fachwissen übertrifft die Anforderungen des Arbeitsplatzes erheblich.	**A**
14	Frau xxx hat sich beruflich weitergebildet und ist fachlich auf der Höhe der Zeit. Sie hat Seminare besucht zu den Themen	**A**
15	Frau xxx ist eine kenntnisreiche Mitarbeiterin, die Aufgaben und Probleme gut löst.	**B**
16	Frau xxx ist fachlich versiert, besitzt langjährige Berufserfahrung und kann ihr Wissen gut umsetzen.	**B**
17	Frau xxx ist fachlich kompetent und löst mit ihrem Können auch schwierige Aufgaben und Probleme.	**B**

noch: Textbausteine ADIOS

Baustein-Nr.	Text	Bemerkungen **A** = Anforderungen weit übertroffen **B** = Anforderungen übertroffen **C** = Anforderungen erfüllt
18	Ihre Fachkenntnisse übertreffen die Anforderungen des Arbeitsplatzes.	**B**
19	Sie nutzt interne und externe Weiterbildungsangebote. Sie hat u. a. Seminare besucht zu den Themen	**B**
20	Frau xxx hat ein akzeptables Fachwissen, das Sie in die Praxis umsetzen kann.	**C**
21	Frau xxx ist eine erfahrene Fachfrau, die ihr Wissen auch umsetzen kann.	**C**
22	Mit ihren Kenntnissen und ihrer Erfahrung erzielt Frau xxx akzeptable Lösungen.	**C**
23	Sie erfüllt die fachlichen Voraussetzungen.	**C**
24	Sie hat interne Weiterbildungsveranstaltungen besucht.	**C**
25	**Offener Baustein:** Besondere Fachkenntnisse, Fremdsprachen, EDV- und PC-Kenntnisse.	
	Geistige und kreative Fähigkeiten	
26	Sie ist kreativ und kann andere begeistern. Sie sucht und findet neue Lösungen.	**A**
27	Sie erfasst schnell den Kern einer Sache, schätzt sie realistisch ein und kommt zu einem sicheren Urteil.	**A**

noch: Textbausteine ADIOS

Baustein-Nr.	Text	Bemerkungen **A** = Anforderungen weit übertroffen **B** = Anforderungen übertroffen **C** = Anforderungen erfüllt
28	Sie plant und organisiert ihre Arbeit systematisch.	**A**
29	Sie hat eine gute Auffassungsgabe und erkennt schnell, worauf es ankommt.	**B**
30	Sie hat gute Ideen, entwickelt Konzepte und setzt sie um.	**B**
31	Sie kann komplizierte Arbeitsabläufe analysieren und neu organisieren.	**B**
32	Sie beurteilt die Dinge realistisch.	**C**
33	Sie erfasst das Wesentliche und hat einen ausgeprägten Ordnungssinn.	**C**
34	Sie hat einen gesunden Menschenverstand und geht praktisch an die Dinge heran.	**C**
	Ausdrucksvermögen (mündlich und schriftlich)	
35	Sie bereitet Vorträge und Präsentationen professionell vor. Ihre Gedanken kann sie klar und anschaulich darstellen.	**A**
36	Bei Verhandlungen ist sie sehr geschickt, wahrt immer die Interessen des Unternehmens und erzielt sehr gute Erfolge.	**A**
37	Sie bringt einen Sachverhalt auf den Punkt und kann ihn klar und anschaulich formulieren.	**A**
38	Sie kann treffend formulieren und überzeugend argumentieren.	**B**

noch: Textbausteine ADIOS

Baustein-Nr.	Text	Bemerkungen **A** = Anforderungen weit übertroffen **B** = Anforderungen übertroffen **C** = Anforderungen erfüllt
39	Sie ist geschickt bei Verhandlungen und erzielt gute Erfolge.	**B**
40	Sie kann einen Sachverhalt präzise darstellen und anschaulich vermitteln.	**B**
41	Bei Verhandlungen wahrt Sie immer die Interessen des Unternehmens.	**C**
42	Sie kann sich verständlich ausdrücken.	**C**
43	Sie kann einen Sachverhalt richtig vermitteln.	**C**
	Soziale Fähigkeiten ▪ Empathie ▪ Veränderungsbereitschaft ▪ Persönlichkeitsmerkmale	
44	Frau xxx ist begeisterungsfähig, besitzt Einfühlungsvermögen, kann zuhören und ist Neuem gegenüber aufgeschlossen.	**A**
45	Frau xxx ist mit Begeisterung bei der Sache, ergreift die Initiative und treibt die Dinge voran.	**A**
46	Frau xxx hat eine positive Einstellung zu ihrer Arbeit, ist Veränderungen gegenüber aufgeschlossen und kann sich schnell auf neue Situationen einstellen.	**A**
47	Sie ist sehr beherrscht und kann gut mit ihren Gefühlen umgehen.	**A**
48	Sie sieht Fehler als Lernerfahrung und Chance an, um besser zu werden.	**A**

noch: Textbausteine ADIOS

Baustein-Nr.	Text	Bemerkungen **A** = Anforderungen weit übertroffen **B** = Anforderungen übertroffen **C** = Anforderungen erfüllt
49	Sie hat ein sicheres Gespür für die Reaktion der Kunden und kann sich schnell darauf einstellen.	**A**
50	Sie ist besonnen und abwägend im Urteil und besitzt Augenmaß.	**A**
51	Sie ist glaubwürdig und steht zu dem, was sie sagt.	**A**
52	Frau xxx geht unbefangen an neue Dinge heran und engagiert sich mit Begeisterung.	**B**
53	Frau xxx reagiert flexibel auf Veränderungen, passt sich schnell an und findet sich in der neuen Situation gut zurecht.	**B**
54	Frau xxx ist sehr beweglich und stellt sich rasch auf neue Situationen ein.	**B**
55	Sie ist diszipliniert und hat ihre Gefühle unter Kontrolle. Sie kann sich in die Lage anderer versetzen und versteht ihre Beweggründe.	**B**
56	Sie begreift Fehler als Chance, dazuzulernen und ihr Verhalten zu ändern.	**B**
57	Sie besitzt ein gutes Einfühlungsvermögen und weiß, was Kunden wollen.	**B**
58	Sie ist eigenständig, überlegt und sicher in ihrem Urteil.	**B**
59	Sie ist ehrgeizig und übernimmt gerne Verantwortung.	**B**

noch: Textbausteine ADIOS

Baustein-Nr.	Text	Bemerkungen A = Anforderungen weit übertroffen B = Anforderungen übertroffen C = Anforderungen erfüllt
60	Frau xxx ist veränderungsbereit und stellt sich darauf ein.	C
61	Frau xxx steht Neuem nicht ablehnend gegenüber.	C
62	Sie ist bereit, sich auf neue Anforderungen einzustellen.	C
63	Sie geht sachlich und nüchtern an die Dinge heran und kann sich auf Menschen einstellen.	C
64	Sie bemüht sich bei Fehlern darum, dass sie sich nicht wiederholen.	C
65	Sie stellt sich auf die Wünsche der Kunden ein.	C
66	Sie urteilt sachlich und nicht vorschnell.	C
67	Sie ist umgänglich und hat eine realistische Einstellung.	C
68	**Offener Baustein:** (Persönlichkeit) Sicheres Auftreten, loyal, aufrichtig, vertrauenswürdig, verantwortungsbereit, fair, souverän, humorvoll, besitzt Ausstrahlung, hilfsbereit, sympathisch, frisch, originell, ehrgeizig, gelassen, freundlich, höflich, besitzt gute Umgangsformen, sachlich, selbstsicher, energisch, lebhaft, energiegeladen, praktisch, gutes Urteilsvermögen, zuverlässig, durchsetzungs-	

noch: Textbausteine ADIOS

Baustein-Nr.	Text	**Bemerkungen** **A** = Anforderungen weit übertroffen **B** = Anforderungen übertroffen **C** = Anforderungen erfüllt
	fähig, optimistische Grundhaltung, menschenfreundlich, heiter-optimistisch, verlässlich, gelassen, ausgeglichen, hält sich an Absprachen. (Keine Unterscheidungen nach Leistungsstufen.)	
	Kommunikation/Kooperation	
69	Frau xxx ist offen und kommunikativ. Sie geht auf Menschen zu, arbeitet konstruktiv mit anderen zusammen und trägt Konflikte fair aus.	**A**
70	Frau xxx hat ein offenes Wesen, ist kommunikativ, schließt vernünftige Kompromisse und spielt im Team eine aktive Rolle.	**A**
71	Sie arbeitet konstruktiv mit, macht Vorschläge und unterstützt die Teammitglieder.	**A**
72	Sie identifiziert sich mit Team-Entscheidungen und übernimmt die Verantwortung.	**A**
73	Sie ist verträglich und kommt sehr gut mit anderen aus.	**A**
74	Frau xxx findet leicht Kontakt, ist offen in ihrer Kommunikation, arbeitet kooperativ mit anderen zusammen und kommt zu guten Lösungen.	**B**
75	Sie ist offen, produktiv im Team und kann gut mit anderen umgehen.	**B**

noch: Textbausteine ADIOS

Baustein-Nr.	**Text**	**Bemerkungen** **A** = Anforderungen weit übertroffen **B** = Anforderungen übertroffen **C** = Anforderungen erfüllt
76	Sie arbeitet aktiv im Team mit, nimmt die Ideen der anderen auf und macht eigene Vorschläge.	**B**
77	Sie identifiziert sich mit den Entscheidungen des Teams.	**B**
78	Sie mag ihre Mitmenschen, ist hilfsbereit und kommt gut mit ihnen aus.	**B**
79	Sie ist umgänglich und arbeitet im Team mit.	**C**
80	Sie ist geradeheraus und sagt, was sie denkt.	**C**
81	Sie ist zur Zusammenarbeit mit anderen bereit und kommt mit den Teammitgliedern zurecht.	**C**
82	Sie arbeitet mit und verliert das Ziel nicht aus den Augen.	**C**
83	Sie arbeitet im Team mit und steht zu den Arbeitsergebnissen.	**C**
84	Sie arrangiert sich und kommt mit den anderen zurecht.	**C**
	Arbeitsleistung ▪ Arbeitsweise ▪ Arbeitseinsatz ▪ Arbeitsergebnisse ▪ Nutzen für das Unternehmen	
85	Sie arbeitet selbstständig, schnell, effizient, sorgfältig und erzielt sehr gute Ergebnisse. Sie arbeitet auch unter Termindruck überlegt und sicher.	**A**

noch: Textbausteine ADIOS

Baustein-Nr.	Text	Bemerkungen **A** = Anforderungen weit übertroffen **B** = Anforderungen übertroffen **C** = Anforderungen erfüllt
86	Frau xxx verfolgt konsequent ihre Ziele und kommt zu hervorragenden Ergebnissen.	**A**
87	Sie packt ihre Aufgaben tatkräftig an und bringt sie auch unter schwierigen Bedingungen zu einem sehr guten Abschluss.	**A**
88	Sie versteht es, ihre Arbeit zu planen, zu strukturieren und zu organisieren.	**A**
89	Sie arbeitet äußerst zuverlässig, gewissenhaft und gründlich. Sie übernimmt die Verantwortung für das, was sie macht.	**A**
90	Sie setzt alles daran, die Wünsche und Erwartungen unserer Kunden zu erfüllen.	**A**
91	Frau xxx ist belastbar und bewältigt hohen Arbeitsanfall. Sie behält auch unter Zeitdruck einen klaren Kopf.	**B**
92	Sie arbeitet selbstständig, verfolgt ihre Ziele mit großer Ausdauer und erzielt gute Ergebnisse.	**B**
93	Sie arbeitet sorgfältig, zuverlässig, engagiert und macht ihre Sache gut.	**B**
94	Sie kann ihre Arbeit gut planen und organisieren.	**B**

noch: Textbausteine ADIOS

Baustein-Nr.	Text	Bemerkungen **A** = Anforderungen weit übertroffen **B** = Anforderungen übertroffen **C** = Anforderungen erfüllt
95	Sie arbeitet gewissenhaft und verantwortungsbewusst und vergisst nichts Wichtiges. Ihre Arbeitsergebnisse übertreffen unsere Erwartungen.	**B**
96	Kundenwünsche haben bei ihr Vorrang.	**B**
97	Sie arbeitet gleichmäßig und erreicht ihre Ziele.	**C**
98	Sie arbeitet gleichmäßig und verlässlich.	**C**
99	Sie arbeitet weitgehend selbstständig und termingerecht.	**C**
100	Sie erledigt ihre Arbeit zügig und gleichmäßig.	**C**
101	Sie erfüllt die Anforderungen.	**C**
102	Sie ist freundlich zu den Kunden und stellt sich auf sie ein.	**C**
103	**Offener Baustein:** (Konkreter Nutzen) Ideen eingebracht, Konzepte entwickelt, Projektarbeit, Kosten gesenkt, Produktivität gesteigert, Reklamationen reduziert, Stärken einsetzen (Beispiel: Sie konnte ihre Kontaktstärke und ihr Verkaufstalent voll entfalten und den Umsatz in ihrem Verkaufsbezirk allein im letzten Jahr um 20% steigern.) (Keine Unterscheidung nach Leistungsstufen.)	

noch: Textbausteine ADIOS

Baustein-Nr.	Text	Bemerkungen **A** = Anforderungen weit übertroffen **B** = Anforderungen übertroffen **C** = Anforderungen erfüllt
	Führungsleistung ▪ Auswahl/Einsatz ▪ Delegation ▪ Teamarbeit ▪ Information/Zielvereinbarung ▪ Konflikte ▪ Beurteilung/Förderung ▪ Organisation ▪ Beitrag zum Erfolg	
104	Sie hat ein gutes Gespür und eine sichere Hand bei Auswahl und Einsatz ihrer Mitarbeiter.	**A**
105	Sie überträgt bestimmte Aufgaben mit den entsprechenden Kompetenzen auf ihre Mitarbeiter und lässt sie in ihrem Verantwortungsbereich selbstständig arbeiten und entscheiden.	**A**
106	Sie gibt ihrem Team Impulse, ermutigt die Mitarbeiter eigene Vorschläge zu machen, und unterstützt sie dabei, ihre Fähigkeiten einzusetzen und ihre Stärken zu entfalten.	**A**
107	Sie informiert ihre Mitarbeiter rechtzeitig und umfassend, vereinbart Ziele und Leistungsstandards und kontrolliert den Arbeitsfortschritt und die Ergebnisse.	**A**
108	Sie moderiert Besprechungen souverän und effizient. Auch schwierige Mitarbei-	**A**

noch: Textbausteine ADIOS

Baustein-Nr.	Text	Bemerkungen **A** = Anforderungen weit übertroffen **B** = Anforderungen übertroffen **C** = Anforderungen erfüllt
	tergespräche führt sie mit Geschick und Einfühlungsvermögen. Bei Konflikten sucht sie faire und konstruktive Lösungen.	
109	Sie sagt ihren Mitarbeitern, was sie von ihnen erwartet und gibt ihnen eine Rückmeldung über ihre Leistungen. Sie erkennt die Stärken ihrer Mitarbeiter und fördert berufliche Entwicklung.	**A**
110	Sie plant und organisiert ihre Arbeit und ihren Verantwortungsbereich systematisch und setzt Mitarbeiter und Material sinnvoll ein.	**A**
111	Sie hat ein partnerschaftliches Verhältnis zu ihren Mitarbeitern, ist offen für Kritik und gesteht eigene Fehler ein. Es besteht ein gegenseitiges Vertrauensverhältnis.	**A**
112	Sie hat eine glückliche Hand bei der Auswahl ihrer Mitarbeiter und kümmert sich darum, dass sie richtig eingearbeitet und integriert werden.	**B**
113	Sie delegiert Aufgaben und Verantwortung, hat Vertrauen in die Fähigkeiten ihrer Mitarbeiter und gibt ihnen Freiräume für eigene Entscheidungen.	**B**
114	Sie unterstützt die Mitarbeiter bei ihren Aufgaben und sorgt dafür, dass ihr Team an einem Strang zieht. Sie vermittelt ihnen das Gefühl, dass ihre Arbeit wichtig ist.	**B**

noch: Textbausteine ADIOS

Baustein-Nr.	**Text**	**Bemerkungen** **A** = Anforderungen weit übertroffen **B** = Anforderungen übertroffen **C** = Anforderungen erfüllt
115	Sie informiert ihre Mitarbeiter rechtzeitig, vereinbart realistische Ziele und kontrolliert ergebnisorientiert.	**B**
116	Sie setzt sich mit der Wirklichkeit auseinander und nutzt Konflikte als Chance, die Situation zu klären und die Sache voranzubringen.	**B**
117	Sie kümmert sich um ihre Mitarbeiter, fördert ihre Entwicklung und setzt sich für ihre berufliche Weiterbildung ein.	**B**
118	Sie sucht ständig nach Möglichkeiten, die Aufgaben besser zu erledigen und die Arbeitsabläufe zu straffen. Sie geht dabei auch neue Wege.	**B**
119	Sie hat guten Kontakt zu ihren Mitarbeitern. Das Arbeitsklima ist entspannt. Die Mitarbeiter vertrauen ihr und umgekehrt.	**B**
120	Sie sucht ihre Mitarbeiter sorgfältig aus und arbeitet sie ein.	**C**
121	Sie bezieht ihre Mitarbeiter bei der Planung mit ein und fragt sie bei Entscheidungen nach ihrer Meinung.	**C**
122	Sie informiert ihre Mitarbeiter über wichtige Dinge, gibt die grobe Richtung vor, vereinbart Ziele und kontrolliert die Ergebnisse.	**C**

noch: Textbausteine ADIOS

Baustein-Nr.	**Text**	**Bemerkungen** **A** = Anforderungen weit übertroffen **B** = Anforderungen übertroffen **C** = Anforderungen erfüllt
123	Sie berücksichtigt bei der Lösung von Konflikten sowohl die Interessen des Unternehmens als auch die Bedürfnisse der Mitarbeiter.	**C**
124	Sie gibt ihren Mitarbeitern die Möglichkeit, sich beruflich weiterzubilden.	**C**
125	Sie hält Kontakt zu ihren Mitarbeitern. Es herrscht eine sachliche Arbeitsatmosphäre.	**C**
126	**Offener Baustein:** (Stichworte) Beitrag zum Ganzen (Beispiel: Sie hat unseren Außendienst neu strukturiert und organisiert, fähige Mitarbeiter eingestellt, neue Produkte wirksam eingeführt und zweistellige Zuwachsraten erzielt). Ihr Wort gilt viel, geschickt beim Abbau von Widerständen gegen Veränderungen, reagiert schnell auf Marktveränderungen und Kundenwünsche, besitzt Augenmaß, Weitblick, kennt ihre Stärken, Integrationsvermögen, kann zuhören, mag Menschen, trifft klare Entscheidungen. (Keine Unterscheidung nach Leistungsstufen.)	
	Sozialverhalten Verhalten gegenüber Kunden, Lieferanten, Kollegen, Mitarbeitern, Vorgesetzten	
127	Frau xxx ist sehr hilfsbereit, kollegial und kommt mit allen gut zurecht. Kunden	**A**

noch: Textbausteine ADIOS

Baustein-Nr.	Text	Bemerkungen **A** = Anforderungen weit übertroffen **B** = Anforderungen übertroffen **C** = Anforderungen erfüllt
	schätzen die angenehme Zusammenarbeit mit ihr. Zu ihrem Vorgesetzten besteht ein Vertrauensverhältnis.	
128	Sie hat ein gutes Verhältnis zu ihren Mitarbeitern und Kollegen. Sie arbeitet konstruktiv mit ihnen zusammen. Das Verhalten gegenüber ihren Vorgesetzten ist stets korrekt.	**A**
129	Kollegen und Geschäftsfreunde arbeiten gerne mit ihr zusammen. Vorgesetzte schätzen ihre Bereitschaft zur Zusammenarbeit. Ihr Verhalten ist immer einwandfrei.	**B**
130	Sie arbeitet konstruktiv mit anderen zusammen, verhält sich kollegial und hat ein gutes Verhältnis zu ihrem Vorgesetzten.	**B**
131	Sie kommt mit allen gut aus. Ihr Verhalten gegenüber Vorgesetzten ist korrekt.	**C**
132	Ihr Verhalten gegenüber Vorgesetzten und Kollegen ist nicht zu beanstanden.	**C**
	Grund des Ausscheidens/ Abschlusssatz	
133	Frau xxx verlässt heute das Unternehmen auf eigenen Wunsch. Wir bedauern ihr Ausscheiden sehr, bedanken uns für die langjährige engagierte Mitarbeit und wünschen ihr weiterhin auf ihrem Berufsweg viel Erfolg.	**A**

noch: Textbausteine ADIOS

Baustein-Nr.	Text	Bemerkungen **A** = Anforderungen weit übertroffen **B** = Anforderungen übertroffen **C** = Anforderungen erfüllt
134	Frau xxx verlässt heute das Unternehmen auf eigenen Wunsch. Wir bedauern das Ausscheiden dieser tüchtigen Mitarbeiterin, danken ihr für ihre konstruktive Mitarbeit, und wünschen ihr für ihren weiteren Berufsweg viel Erfolg.	**A**
135	Frau xxx verlässt heute das Unternehmen auf eigenen Wunsch, was wir bedauern. Wir bedanken uns für die gute Zusammenarbeit und wünschen ihr für ihren weiteren Berufsweg viel Erfolg.	**B**
136	Frau xxx scheidet mit dem heutigen Tag auf eigenen Wunsch aus unserem Unternehmen aus. Wir danken ihr für ihre Mitarbeit und wünschen ihr für ihre berufliche Zukunft viel Erfolg.	**B**
137	Frau xxx verlässt heute das Unternehmen auf eigenen Wunsch. Wir wünschen ihr für die Zukunft alles Gute.	**C**
138	Das Arbeitsverhältnis endet am .... Wir wünschen ihr für die Zukunft alles Gute.	**C**
139	Frau xxx verlässt heute das Unternehmen aus betriebsbedingten Gründen (xxx = Grund) Wir bedauern, dass es zu dieser Entwicklung gekommen ist, danken Frau xxx für ihre Mitarbeit und wünschen ihr für ihren Berufsweg alles Gute.	**C**

noch: Textbausteine ADIOS

Baustein-Nr.	Text	Bemerkungen **A** = Anforderungen weit übertroffen **B** = Anforderungen übertroffen **C** = Anforderungen erfüllt
	Ruhestand/Befristung/ Zwischenzeugnis	
140	Das Arbeitsverhältnis endet am ....., weil Frau xxx in den Ruhestand tritt. Wir bedanken uns für die gute langjährige Mitarbeit und wünschen ihr alles Gute.	
141	Das Arbeitsverhältnis endet mit Ablauf der Befristung. Wir bedauern, Frau xxx nicht in ein unbefristetes Arbeitsverhältnis übernehmen zu können, danken ihr für ihre Mitarbeit und wünschen ihr für die Zukunft alles Gute.	
142	Das Arbeitsverhältnis endet heute durch Fristablauf. Wir danken ihr für ihre Mitarbeit und wünschen ihr für die Zukunft alles Gute.	
143	Das Zwischenzeugnis wird auf Wunsch von Frau xxx ausgestellt.	
144	**Offener Baustein:**	

Literaturhinweise

Brommer, Ulrike: Schlüsselqualifikationen, Stuttgart

Drucker, Peter: Die ideale Führungskraft, München

Drucker, Peter: Management im 21. Jahrhundert, München

Edwards, Mark/Ewen, Ann: 360°-Beurteilung, München

Engländer, Walter (Hrg): Leistungsbeurteilung und Zielvereinbarung, Köln

Franck, Norbert: Klartext schreiben, Regensburg/Düsseldorf/Berlin

Goleman, Daniel: Emotionale Intelligenz, München

Häusermann, Peter: Arbeitszeugnisse – wahr, klar und fair, Zürich

Huber, Günther: Das Arbeitszeugnis in Recht und Praxis, Freiburg

Knebel, Heinz: Taschenbuch Personalbeurteilung, Heidelberg

Knorr, Friedhelm: Personalbeurteilung in der öffentlichen Verwaltung und Nonprofit-Organisationen, Wiesbaden

List, Karl-Heinz: Wer ist qualifiziert? Neue Wege bei Personalauswahl und Karrierebeurteilung, Köln

List, Karl-Heinz: Mein Arbeitszeugnis selbst formuliert, Regensburg/Berlin

Malik, Fredmund: Führen, Leisten, Leben, München

Möller, Peter: Bedeutungen von Einstufungen in qualifizierten Arbeitszeugnissen, Frankfurt

Nasemann, Andrea: Arbeitszeugnisse, Niedernhausen

Püschel, Ulrich: Wie schreibt man gutes Deutsch? Mannheim

Reiners, Ludwig: Stilkunst, München

Ryborz, Heinz: Schnellkurs Führung, Regensburg/Düsseldorf/Berlin

Schaub, Gunter: Arbeitsrechtshandbuch, München

Schleßmann, Hein: Das Arbeitszeugnis, Heidelberg

Schneider, Wolf: Deutsch fürs Leben, Reinbek

Schneider, Wolf: Deutsch für Kenner, München

Schulz, Georg: Alles über Arbeitszeugnisse, München

Spies, Walter: Dienstliche Beurteilung und Beförderung, Regensburg/Berlin

Sprenger, Reinhard K.: Aufstand des Individuums, Frankfurt

Strutz, Hans (Hrg): Handbuch Personalmarketing, Wiesbaden

Tesche-Bährle, Ute: Arbeitszeugnis, Frankfurt

Vogel, Heinz-Wilhelm: Geheimcode Arbeitszeugnis, Regensburg

Weuster, Arnulf/Scheer, Brigitte: Arbeitszeugnisse in Textbausteinen, Stuttgart

Stichwortverzeichnis